걸어도 마냥 그 자리

끌림 詩人選 006

걸어도 마냥 그 자리

박세아 3시집

끌림

서문

행복을 노래하다

이번 시집은 내 삶의 노래입니다.

육체의 아픔을 극복하기 위하여 큰 노력을 했습니다. 십여 년 동안, 아픈 몸의 회복을 위하여 재활훈련과 운동을 꾸준히 했지만, 큰 효과를 보지 못하고 제 자리에 머물렀습니다.

가끔은 산다는 것이 이상하게 느낄 때가 있습니다. 분명히 한 걸음씩 나아가지만, 뒤돌아보면 진전이 없다는 것입니다. 몸도 안 좋고, 마음조차 멈춰있는 듯한, 아무리 노력해도 변화가 없는 상태에 갇혀 있는 기분…. 이럴 때면 어떻게 살아야 할지를 고민해 봅니다.

내 걸음이 어디로 향하고 있는지조차 깨닫지 못한 채 앞으로 나갑니다. 어디로 가는지는 모르지만, 최선을 다해 살아갑니다. 멈춤도 여정(旅程)의 일부이기에 힘들 때면 잠시 쉬었다가 다시 일어나 제 갈 길을 갑니다.

우리는 삶의 목표를 이루기 위해 나아갑니다. 하지만 목표를 이루는 데만 몰두한 나머지 그 목표를 이루기 위해 흘렸던 '땀방울'과 '실패의 좌절'을 별것 아닌 것처럼 생각할 때가 많습니다. 비록 성공하지 못했다 하더라도 '한 길'을 걷다가 우리가 경험한 모든 일은 누구에게나 소중하고 값진 경험입니다. 그러기에 '여정'은 삶의 과정이 아닌 목표라 불러도 좋을 것입니다.

나는 오늘도 여정 가운데 많은 것을 배우고, 성장하며, 자신을 새롭게 발견합니다. 걸어도 마냥 제 자리에 있는 것처럼 보이지만, 조금씩 움직이는 것을 느낍니다. 나만의 속도로 마라토너처럼 멀리 보고 느림보 토끼처럼 천천히 달리다 보니, 바쁘게 살아가는 사람들이 무심코 지나쳤던 것들이 하나둘씩 내 눈에 들어옵니다. 이렇게 나만의 리듬으로 걷다 쉬기를 반복하며 가다 보면 분명 행복을 노래할 수 있겠지요.

2024년, 가을이 익어가는 어느 날에

박 세 아

차례

서문 행복을 노래하다 ———— 004

제1부 · 행복한 날

거기서 거기	013
깨를 털며	014
금산에 가고 싶다	015
행복한 날	016
산책	017
나는 자연인이다	018
계단을 오르며	019
거기나 나나	020
비 오는 날	022
기다리는 마음	024
동굴에서	025
차를 마시는 것	026
나나 무스쿠리를 보았다	027
커피 한 잔	028
태풍	030
나의 송호리	032
The Hole	034
달력	036

제2부 · 화음

빈 배	041
화음	042
계곡	043
응급실 25시	044
실수	046
축구	048
삼각관계	049
사보나의 비둘기	050
화장실에서	052
공세리 성당에서	053
AI Cat	054
CCTV	056
행복을 그리자	058
동망봉의 전설	060
돌챙이의 노래	062
올봄에는 어떤 향기가 날까	063
카오스	064
바쿠	065

제3부 • 당신이 희망이다

태양의 명상 ——————— 069
내 사랑 엘비스 ——————— 070
어머니의 방 ——————— 073
나의 못 ——————— 074
사막의 교부들 ——————— 076
슈도 아카시아 ——————— 077
당신이 희망이다 ——————— 078
오래 오래 ——————— 081
파일럿 ——————— 082
감사가 넘치면 ——————— 084
신드바드의 모험 ——————— 086
사막기도 ——————— 087
엄마 돌아가신 날 ——————— 088
희망 ——————— 090
나의 소원 ——————— 092
딸의 자췻집 ——————— 094
칼의 춤 ——————— 096
시원하게 욕하라 ——————— 098

제4부 · 꽃을 피우다

들꽃 —————————————— 103
사랑스러운 아들 ————————— 104
산수유 ————————————— 105
꽃을 피우다 ——————————— 106
성형미인 ————————————— 108
느림보 토끼 ——————————— 110
사막꽃 ————————————— 112
고래 운동 ———————————— 113
고난이 꽃이다 —————————— 114
B 침례, T 감사, S 거룩 ——————— 116
암 환자의 한나절 ————————— 118
판테온의 기둥 —————————— 120
고모 시집가던 날 ————————— 122
양산 하늘 ———————————— 123
엘비스의 분노 —————————— 124
오월야五月也 방성대곡放聲大哭 ——— 126
아까시의 역습 —————————— 128
당신이 좋다 ——————————— 130

발문 중요한 전부로서의 행복을… ————— 131

제1부
행복한 날

거기서 거기

너 때문이야
아니 나 때문

허겁지겁 달려와 목을 축이며
물이 약수로 변한 것은

경쟁 속에서 달리던 전쟁터가
아름다운 풍광으로 보이는 것은

서로 달리 걸어 왔던 이 길
함께 바라보게 된 것은

좌충우돌 이리저리 부딪치며
꽃길로 변한 것은

인생 뭐 있나 돌고 도는
마신 물이 수돗물이라도
목만 축이면 그만.

깨를 털며

앞마당에는 옥수수 잎이 춤을 추고
작대기를 들고 깻단 톡톡톡
땀방울 송송송 비가 되어 내린다

이처럼 뚜둑 떨어지는
그림자 보이지는 않지만
모래처럼 수북이 쌓인다

저녁 햇살 마당으로 들어오고
쪼그려 앉은 할머니 자리 위에
채 아래로 먼지 날린다

들마루 위에선 고추가 말라가고
여름 끝 무렵
찬물 한 사발 들이키고 깨를 턴다

우물 두레박을 올리며
맑은 그림자 속으로 나뭇잎이 떨어지고
산들바람은 땀을 식힌다.

금산에 가고 싶다

친구 찾아서 들어가던 좁은 길
차 긁히는 새터공동체
시끌벅적 시를 노래하던
창문 들어오는 달에 비친 밤

먼 옛날 진악산 돌아 돌아서
서대산 발군산 비친 달을 쫓아
동곡리 들어가는 길옆엔 하얀 구절초
오월이면 징그럽게 폈던 찔레꽃
외로움으로 울며 걷던 친구여

이젠 기억 속으로 사라진 밀알의집

천래강 걷고 걸어서
부리면 어재리 굽이굽이 산자락
숨바꼭질하던 원통골
적벽강 강변 그림을 그리고
놀던 기억은 아득하다.

행복한 날
- 청양 가는 길

햇살이 나를 감싸고 아들 다닐 대학을 가본다
바람이 속삭이는 새로 난 도로가 시원하다
이리저리 굽이치는 풀잎 사이로 꿈꾸는 반짝이는 빛
차가 달리는 이 순간이 영원하길 바란다

따뜻한 날 시원한 차 한 잔은 가족의
소중한 미래를 생각하는 사람의 웃음
별다른 것 없어도 희망 가득 차는 마음
여기가 어린 날 꿈꿔 왔던 입신인가

발걸음 가볍고 과거의 청명은
청량한 하늘은 더없이 푸르러
내일도 오늘 가는 길처럼
새로운 바다를 뚫고 간다면
더 바랄 게 없을 것 같아

옛날 멀었던 청양 가는 길
오늘은 순간들 속에 숨어있어
살며시 찾아와 나를 감싸는
희망 가득한 고요 속 평온함.

산책

그렇게 많이 다녔어도
꽃이 피어있는 줄 이제야 알았다

손을 잡고 걸으면
흔한 길도 꽃길로 변한다.

나는 자연인이다

바람이 분다 산들산들 바람이
천둥이 친다 뒤뚱뒤뚱 흔들린다
넘어지고 다쳐도 더욱 힘차게 일어난다
상처도 아픈 곳도 괴롭히는 경쟁도
믿어왔던 자랑도 돈도 이젠 필요 없어
아픈 머리에 시원한 땀방울이 흐른다

희망이 나를 속일지라도
폭풍이 몰려와 몸을 때린다 해도
아무리 힘들어도 일어날 수 있는 것은
나를 만져주는 나무와 숲이 있기 때문이야
아픈 마음도 슬펐던 시간도 다 잊었다
겨울 언 땅 위에서도 건강하게 힘이 난다

계곡으로 미끄럼틀을 만들어 썰매 타고
내려오는 날에도 추위는 즐거움으로
왜 여기에 왔을까 울어도 소용없고
외로움도 죽을 만한 아픔도 이겨낸다
겨울 밭에 봄동은 잘 자란다
세찬 눈보라 눈꽃들은 봄을 뚫는다.

계단을 오르며

왜 이렇게 말라 죽었냐, 하나 둘 셋
오르다 지나칠 때마다 면담한다
꽃잎 하나 형체 변하지 않은 장미의 문
추억의 폭발, 열 받고 하늘이 열리기를 빈다

눈보라 속을 지켜내던 미라들 봄이지만
눈보다 더 차가운 비가 머리에 흡수된다
봄기운이 오고 있는 가시밭 정원에서
검붉은 그림자 뚝 뚝 기억들이 떨어졌다

새싹이 봄 되어 머리를 들이밀고
푸른 샘 송송송 설렘이 솟아
보로롱 돋아나는 가시는 나를 향하고
푸르고 빠알간 물 빨아 들이킨다

현관을 오를 때 고개 내밀 때마다
한 송이 두 송이의 청춘들이 지나간다
엄마 집 마당에 필 빨간 미소를 기약하면
뜨거운 여름비를 맞는 심장도 차갑다.

거기나 나나

너무 외로워 마셔요
거기처럼 눈물만 흘릴까
남이라고 해서 다 좋은 것만 아니고
다른 사람도 넘어지고 슬퍼하기도
자연은 외면하지 않고 풍성으로 채우고
항상 혼자 놔두지 않으니까요

너무 힘들어 마셔요
거기처럼 걱정 많은 사람이 있을까
이것보다 더 큰 이별은 없고
이런 어려움은 누구나 가지고 살거든
남의 떡이 더 커 보이지
남들도 자기 십자가를 지고 간답니다

너무 좋아 마셔요
오늘처럼 감격스러운 날이 있을까
거기처럼 좋은 사람이 많을까
언제 어디서 넘어질 수 있으니까
한 발짝씩 조심조심
나도 완벽한 사람이 아니니까

너무 빨리 달리지 마셔요
거기처럼 빨리 달리다 보면
흔들리고 부딪치고 사고 나지
직진만 있는 것이 아니라
유턴도 어린이보호구역도 있는 법
운전에는 브레이크도 필요한 것.

비 오는 날

젊은 베르테르 슬픔
청춘 속에 부와 가난이 충돌한다
연인을 빼앗긴 괴테의 죽음
빗줄기 흐르는 검은 유리창
눈을 부릅떠도 더는 보이지 않는다

젊은이들에게 있는 것
젊다는 것 자체가 적폐인가
너는 늙어 봤냐 하지만
부릅뜨고 해를 바라보면
충혈된 눈엔 눈물 흐른다

친구들 같이 있는 마냥 즐거운
함께 울고 웃던 그때
그냥 정의로운 것 때문에
행복한 졸업식 먹구름 빨리 흘러
어디론가 빠져 허우적거리는 하늘의 늪

쉴 새 없이 축포와 반짝이 떨어지는
축하해 주는 감옥 같은 날
들어올 때 똑같이 놀았지만

졸업할 때는 없는 것도 서러운데
외로움은 사람을 더욱 죄인을 만든다.

기다리는 마음

며칠 전부터 가족들이 몸을 긁는다
목이며 팔이며 피부가 부어올랐다
아침을 먹다 보니 돌아다닌다
그놈 꼭 잡으려다 놓쳤다

모기약을 찾아 시야에 놓는다
이놈은 잡으려고 찜하면
항상 눈에서 사라진다
어딘가에서 신나게 음흉한 짓을 할 것이다

진탕질을 끝내고 거울에 앉은 너
목욕탕 습지에 잠들었다
순간 경직이 몰려오는 손바닥
거울은 피범벅이다

꼭 모기 같은 놈들 오늘도 기다리고 있다.

동굴에서

그러나 그 날과 그 시간은 아무도 모른다. 하늘에 있는 천사들도 모르고 아들도 모르고 오직 아버지만이 아신다.
- 마르코의 복음서 13장 32절(공동번역)

앞이 보이지 않는 날에는 잠깐 눈을 감아보자
영원할 것 같은 괴로움도 기다리면 익숙해지겠지
오랫동안 혈루증 앓은 여인은 마지막으로 옷자락을 만진다
도저히 일어날 수 없을 때 다리에 힘을 줘 보자
한번 손가락을 움직여 보자
아무것도 없는 빛을 흡수하여 서서히 움직임이 보인다
나만 느끼는 두려움은 상대는 모르는 것
어려운 일이 생기더라도 한번 만나 보자
이기는 것보다 훨씬 아무것도 아닌 것이 더 많다
사는 것이 안 보여도 걱정하지 말자.

차를 마시는 것

첫 잔은 향기를 마시고
모든 산 계곡의 내음까지 방 안 가득하다
두 번째 잔은 향의 맛을 마신다
시원한 맥주보다 더 시원하게 들어온다
여름에는 온몸이 시원해지고
겨울에는 언 몸도 사르르 녹는다

세 번째 잔은 마음을 마시는 것
봄이 온 광양 홍쌍리 매화마을 붉은 물이 들여지고
흩날리고 서서히 퍼져 가득히 우러난다
말려진 찻잎은 흐트러지고 퍼진다
거름망이 입술에 닿고 목구멍을 타고 넘을 때
무등산을 넘어 지리산 보성 사람들의 맛을 느낀다

원래 첫 잔은 버린다고 한다
하늘에 뿌려 올리고 사람과 나누는 것이
차를 마시는 정신이라고 하는데
마음의 창 어진 눈빛은 푸른 지혜를 배운다
쓸쓸함은 은은하게 인내를 배우고
새로운 용기는 산중 낙원에 스며들었다.

나나 무스쿠리를 보았다

노란 스웨터 검은 파스텔 치마
안경 너머로 큰 눈에 빠질 것 같다
버터 바른 빵에 소금에 절인 햄을 먹는다
반듯하게 머리를 깎은 남자 친구는
앞에서 떠오르는 햇살에
반짝이는 검은 머리 등까지 내려와
큰 키가 더욱 크게 보인다
그녀는 천상의 목소리를 가진 요정처럼
매력이 넘치지만 아련하고 쓸쓸한 마음에
사랑과 기쁨을 고등학교 시절 추억으로 몰고
식탁 위에 놓인 음식마저 거룩하다
영원불멸의 음색은 햇빛 들어오는 창가에서
사랑한단 말도 못 하고 떠난 임 그립다.

커피 한 잔

하늘 나는 시원한 뭉게구름처럼
무지개보다 더 투명한 얼음
진한 갈색 컵 안에서 퍼지고
두근거림은 오로라 피어올라
그렇게 마음을 녹일 줄 몰랐다
그래서 난 네가 참 좋다

일주일에 한 번쯤 맛 볼 때면
하루 종일 기다려진다
사 온다고 아들 연락을 받고
손에 들고 오는 시간 1리터
이렇게 좋을 줄이야
정말 화가 풀릴 줄은 몰랐다

멋지게 컵을 들고 다니는 거리에서
맛있어 보이는 아가씨들 쳐다봤던 우리 엄마
그렇게 마시고 싶던 한 잔을 사드리니
이렇게 좋아할 줄이야
벨이 울리는 순간 경직된 얼굴에 꽃이 피고
동그란 눈 도심의 젊음을 마셔본다

긴장된 쓴맛 그다지 별맛은 아닌가 보다
아 잠이 오지 않아.

태풍

하늘이 열린 날
무섭게 때리던 비바람도
천지를 쓸었던 태풍도 멈추었다

광명천지 새 물결은 희망으로 다가온다
끝없는 설렘과 가슴 터지는 기쁨으로
서로 마주 잡은 땀방울 맺힌 행진의 물결

응어리 터지고 목에 피가 흐르는
꽃보다 더 아름다운 행진
함께 이루는 끝없는 영광의 길

언제 끝날지 모르는 시작된 전쟁
아무도 알아주지도 않는 길
일어나 미소를 띠며 걷고 또 걷는다

무엇 때문에, 왜, 어쩐데, 뭔데, 뭐할라고
한꺼번에 터져 나오는 군중의 목마름으로
시월이 오는 길목을 가득 채웠나

비가 와도 밤에도 아스팔트 위에서

비닐 한 장 깔고 얼굴에 비를 맞으며
밤하늘을 차가운 나이도 잊은 채 뜨겁게 달군다

아무리 귀를 막고 눈을 감아도
캄캄해진 양심에는 번개가 칠 것이고
막힌 귀는 우레같이 들릴 것이다

분노는 하늘까지 이르고 악은 찰 대로 찼다
더 이상 하늘도 참지 못하고 처벌 할 것이며
온 천하에 선명하게 드러나고 결국은 무너지리라.

나의 송호리

인생의 스케치는 어떻게 그려지는 것일까
어린 시절 고샅에서 놀던 삶이 그렇게 되어간다
소가 풀을 뜯고 소가 사람을 뜯던 시절
정렬이 피는 해바라기는 그 여름 고난에
땅을 먹고 자라난다

불이 하나둘씩 켜지고 온 동네 환하게 밝아온다
그때는 왜 그리 사람이 많이 죽었는지 모른다
오늘은 뒷집 할아버지 다음 날은 박씨네 집
잘 정리된 음식들이 가지런히 놓여있고
가을바람 불면 천막 쳐 놓은 곳으로
맛있는 냄새가 난다
그들은 초상집 우리들은 잔칫집
이집 저집 시제를 드리는 날이면
이 동네 저 동네를 돌아다녔다

겨울이면 강에서 썰매를 탔다
여름에는 하도 그을려서 검둥이가 된다
옛날부터 많은 사람들이 몰려오는 솔밭
원당리 봉곡리 가운데 우리 동네가 있다
지 멀리 화산 쪽 미루나무 하늘 향해 팔을 벌린다

〉
여름에는 애들이 모이는 곳이였다
양산 애들 수두리 애들 봉곡리 애들까지 다 모였다
여름에는 우리 동네가 아이들의 수도였다
솔밭은 전국에서 알아주는 캠핑의 수도이다

겨울이면 비봉산에서 불어오는 바람
눈보라가 아무리 두꺼운 옷을 입어도
뼛속까지 휘몰아쳤다
인생의 애틋한 그림이 숨어있는
어린 시절 그 송호리로 가고 싶다.

The Hole

끝없는 어둠 속에 난 구멍 하나
빛이 스며드는 작은 틈새 줄을 타고
어디론가 줄을 지어 터널 속에서 헤매던 발걸음이
검은빛 들어오는 곳 잠시 멈추어 숨을 고를 때

긴 시간 속에서 갇혀 있던 이리저리 얽힌
생각의 무게, 마음의 짐들을 열심히
깨진 틈 사이 벽을 두드리며 옮겨 다니고
어디로 향하는지 묻고 또 묻는다

지하의 저 멀리서 들려오는 바람 소리
어쩌면 출구가 가까운 걸까 빛이 보여
한 걸음, 또 한 걸음 내디디면 깊어 지는 어둠
터널 끝 희망의 구멍이 점점 커지네

어둠 속의 빛, 작은 구멍 하나가
우리를 이끌어 저 너머로 데려가네
터널을 빠져나온 개미 한 마리 커다란 손이
찬란한 빛은 눈을 멀게 하고 죽음으로 인도하네

구멍은 터널의 끝, 또 다른 위험의 시작

우리를 비추는 작은 창 어둠 속
잠들어 있던 건물 먼지 속으로
어둠을 뚫고 불이 환하게 켜지면 힘차게 나아가네.

달력

벽에 걸린 작은 창
가로와 세로 시간을 나누는 종이
숫자와 글자로 채워진 공간에
사라진 하루들이 머물고 있다

한 장, 또 한 장 넘길 때마다
저마다의 이야기들이 흐른다
기대하며 고대하는 기쁨과 축제의 날
모두 그 안에 새겨져 있다

붉은 글씨로 표시된 날엔
기다림과 설렘이 가득하고
검정 글씨로 적힌 평범한 날엔
일상의 고요함이 스며있다

서랍 속에 잠든 오래된 달력엔
희미해진 글자들 사이로
흘러간 계절들의 하루하루
그날의 시간, 그날의 미소를 떠올리게 한다

시간의 흐름과 지나온 날들의 기록

아직 오지 않은 날들 약속의 의미
한 장을 떼어내며 다짐했던 것
오늘도 어제보다 더 소중하게 살리라

마지막 장이 다가올 때
달력은 다시 새 옷을 입는다
끝은 새로운 시작의 문턱
시간은 그렇게 우리를 앞으로 데려간다

한 장 한 장의 추억과 꿈이 모여
또 하나의 인생이 완성되리라
어제와 오늘, 그리고 내일을 잇는
시간의 작은 다리 일상의 묵상.

제2부

화음

빈 배

먼 옛날부터 마을을 지켜온 강에는
아직도 물이 흐른다
햇볕에 등 까맣게 그을리고
학교 가는 길은 배가 와야
무수골 봉곡리 죽산리 아이들
산길 논둑길로 줄을 지어 온다

자갈길 지나 맨 모래땅
송호리 지나 양산까지 웃음꽃 피었다
땅콩 심고 목화꽃 필 때
솔밭길 따라 흐르던 강물
추억이 사라진 배에는 아무도 없고
왜 그리 눈물만 흐르는지

사연 품은 마을 공동묘지
여기저기 울다 지친 빈 항아리들
물에 흘러가고 세월에 씻겨서 묻혀버리고
지금은 이야기를 잃어버리고 흘러버린 땅
수박 참외 덩굴이 휘감아 돌고
거기에 당근을 심어 마을을 먹여 살린다.

화음

아침부터 저녁 그리고 새벽이 올 때까지
삐걱거리며 티격태격 싸우고 노래하는 마찰음
여기는 어떤 노래가 있는 집인가
지금 어떤 연주를 하고 있을까

나의 큰소리, 아내는 잔소리
아이들의 시끄러운 소리
날짜 가는 것만 노래하고
애정에 목말라 자기만 봐 달라는 소리

길을 걸을 때마다 울컥할 때가 있다
나 같이 아무 능력 없는 사람이
함께 손을 잡고 걸어가 주는 아내가 있고
아들딸을 낳고 아빠가 되었다는 사실이다

내 맘 같지 않은 원망의 눈빛으로
폭풍 같은 혼란한 소리로 때로는 속삭임으로
무시당하고 공격하는 소리가 있더라도
우리들만의 노래를 만드는 것이다.

계곡

물은 그 큰 산에 길을 내고
시원한 바람을 만들었다
바위도 이편저편을
갈랐으니
양쪽으로 나무들도 경쟁이다.

응급실 25시

복도와 짐 사이로 휠체어와 사람들
곡예 운전 신호등은 없지만
저마다 아픈 사연을 싣고
줄을 맞춰 물이 흐르듯 사고 한번 없다
바퀴 달린 침대들은 자기 번지로 찾아간다

여기에서는 간호사들이 교통경찰
엄청난 사건사고들의 민원 처리
간호사들의 목소리는 더욱 커진다
죽겠다고 아우성치는 소리
아이들 우는소리가 합창으로 울려 퍼진다

피비린내 나는 돛대기 시장
주사기를 흐르는 굳어가는 핏물
병실이 있어야 수술도 할 수 있다
수술실로 팔려나가기 위하여
자기가 제일 아프다는 손짓을 한다

대낮같이 시끄러운 밤에는 뜬눈으로
간호사와 환자들의 긴박한 소리를 듣는다
냉정히 돌아서는 의사들

아무리 간곡히 부탁해도 소용없다
한 평 안 되는 꽁꽁 묶인 침대 위에서 천정만 본다

잠시 잠이 들면 새벽 5시 간호사의 등장
혈압과 당을 체크 손가락에 피만 내고 사라진다
사람들이 어디로 갔는지 모든 침대가 비어있다
아직도 나는 팔려나가지 않았다
여기에서는 하루만 지나도 고참인데 이제 사흘째

나는 응급실 왕 고참.

실수

당신의 고난과 좌절이 실패는 아니다
사막을 걷는 기도, 간절한 목마름
그것은 실패가 아니라 영광의 길

때가 되면 알아주겠지
진정한 자유는 내 안에 있다고
거룩한 성 동굴에서

앞이 안 보이는 날에는
잠깐 눈을 감아보자
영원할 것 같은 괴로움도 기다려보면

기다려 보면 빛이 보일 것이다
오랫동안 혈루증에 앓은 여인
예수님의 옷자락을 만졌다

도저히 일어날 수 없을 때
조금만 일어나 보자
한번 손가락을 움직여 보자

어느새 작은 빛을 흡수하여

움직여 살만큼 될 것이다
나만 느끼는 두려움, 상대는 느끼지 못한다

어려움을 한번 만나보자
그럼 이기는 것보다 훨씬 아무것도 아닌 것이
더 많을 테니까
사는 것이 별 것 아니니 걱정하지 말자.

축구

액션 영화는 끝까지 보지 않고
시간이 나면 나중으로 연기하고
처음 보는 영화는 끝까지 봐야지 하면서
보면 볼수록 기억 다 나면서
몰입감이 좋아서 결국은 끝까지 보게 된다

축구도 그렇다
세계가 실력이 좋아졌다
다들 너무 잘한다
속이는 것도 좋아졌다
때리고 속고 속이는 전쟁이라
조금만 실수하면 태클이 들어와

국민 영웅 문제만 있으면
조금만 실수하면 바로 매장
아무리 잘해도 걱정이다
일거수일투족 언론은 들었다 놨다
기다려보고 환호하고 즐겨보자.

삼각관계

내가 바라보는 눈빛처럼
그를 바라보는 눈길이
같은 것을 느꼈다

힘 빼고 걸어라
나를 알아주는 사람
두렵지 않아

시대에 주신 사명
내가 하지 않으면
다른 사람이 할 거야.

사보나의 비둘기

　제노바 남서쪽 항구 2만도 안되는 도시
　매일 큰 배가 들어온다 가득히 사람들 싣고
　개 냄새 사람 냄새 골목을 돌아 프리마켓 헨드 메이드 텐트 아래
　그늘만 있으면 줄지어서 이리저리 몰려들어 에스프레소를 마신다
　고개를 끄떡이며 모이를 먹는 의자와 식탁 위에서 시간을 때운다
　한낮의 수다를 떠는 사이를 지나고 웅덩이를 찾아 입을 갖다 댄다
　산책을 즐기는 할머니와 할아버지 개 한 마리썩 꼭 데리고 다닌다

　아침에 들어온 배는 역사 속으로 여러 무리의 군중들을 풀어놓고
　붉은색 건물들 사이를 개미들 옛 거리를 이리저리 헤치고 쏠리고
　옛날 영화를 더듬으며 상상 속으로 휴식을 취한다
　사보나 대성당 촛불을 보며 지나온 거리를 되짚어 본다
　시청 광장의 카페는 비둘기와 개가 쉬는 틈새로 비엔나 커피 향내가

노곤한 몸을 달래며 스멀스멀 배로 기어들어 오기 시작한다
침대에 몸을 던져 사보나 항 잔잔한 물결에 어느새 잠이 든다

잔잔한 파도 소리에 잠이 들고 알아듣지 못하는 해상안전교육
사이렌 스피커를 타고 귀를 때린다
저녁이 되자 항구를 뒤로 하고 움직이기 시작하고
배웅하는 갈매기들 무엇이 서운한지 따라오며 울어 댔다.

화장실에서

불을 끄고 문 닫으면 바닥을 이리저리 더듬더듬
어둠 속에서 날개를 펴고 바람을 가르는 것이
새로 나온 생태계 교란종인가 아니면 뭐냐
3mm도 안 되는 것이 윙윙 귀와 코 속을 간지럽힌다

어둠 속에서 오래 살아서 그런지
검은색이 하얀색으로 진화가 되었는지
LED 조명을 켜면 어디론가 숨어 버리고
하얀 날개 달린 무엇인가가 움직인다

미처 피하지를 못했는지 어디론가 숨으려 한다
무얼 먹고 사는지 샤워하면서 나온 물로
몸에서 나온 각질로 영양을 보충하고
발가벗고 돌아다녀도 서로가 무관심이다.

공세리 성당에서

나에게 더 이상 비워라 내려 놓으라 하지 마소
텅 비어서 허기진 마음에 기다리다 지쳤습니다
마음이 가난한 자가 천국을 갈 수 있다고요?
아무것도 뜻대로 되지 않은 지 오래되었습니다
더 이상 어떻게 참아요 뭐를 드려 올릴까요?
나도 다 알아요 있는 모습 그대로 드려도 되나요

2024년 부활 두 번째 토요일, 거의 다 떨어진 벚꽃이
하늘을 향해 두 팔 벌리니 봄의 은총으로 휘날리네요
주의 이름을 부르는 자는 구원을 받으리라
내 이름을 불러주었기에 꽃이 된 것처럼
흔들릴 때마다 손잡아준 첫사랑을 잊지 않겠습니다
300년 동안 지켜온 느티나무는 내 마음을 알까요.

AI Cat

사람이 만족할 때까지 바둑무늬 얼룩을 따라
검은 블랙 캣 네로는 밤 도시를 지킨다
어디까지 노력해야 하나 몸은 취해서 흐느적거린다
어두워 보이질 않아 삼십을 넘어 편의점으로
이제 겨우 서울에서 삼 년을 버텼는데

아직 눈에 들지 않아 어디까지 내려놓아야 할지
사람의 인성까지 시험을 만들어 틀에 박힌 상품
여기서는 이대로 짓밟힐 수 없어 나를 찾지 못하고
더욱 조여 오는 목마름은 기름을 먹어야 하는지
세상을 지배하는 똑같은 미래의 인재가 되려는데

더욱 어려워 상품처럼 같아도 싫다 개성은 개 같다
튀면은 까칠하다 담배 피우면 싹수없다
교육은 예스할 때 노해라 니가 꼴리는 대로 살아라
그런데 이렇게 하면 다 얼굴을 찌푸린다
배운 것과 다르다 어디에다 춤을 춰야 좋은지

이젠 전쟁도 60만 원짜리 드론이 60억 탱크도 부순다
무인으로 반도체로 저들과 어떻게 뚫고 들어갈까
자동차도 말로 운전하는 세상

먹기만 해도 살이 빠지는 약 이것은 노바디 원츄
어려운 세상에서 어떻게 일어날 수 있을까

액션영화는 끝까지 보지 못하고
나중으로 연기하고 처음 보는 것은
끝까지 보다 보면 기억이 새록새록 나면서
사이프러스 나무들이 지나간다
기다리던 봄은 새롭게 들어온다.

CCTV

엘리베이터에서 빛을 따라
푸른 숲, 도로를 달리는 차
시원하게 뻗은 가로수
아파트가 숲을 이루어
걸어가는 향수 짙은 여인
눈 달린 사이렌 도로 위 시끄럽다

돌고 돌아 긴장하며 죄도 없는데
잘못하지도 않았는데 두근두근
주차로 꽉 막혀 버린 곳
피하면 피할수록 쫓아온다
어두운 도시를 따라
범인을 만들어버린다

갈길 모르는 사람의 신호등
길 잃은 아이 엄마처럼 간절하게
지켜주기도 하고 지켜보기도 하고
줄기차게 살피는 따듯한 도시
누군가가 보고 있는 것 같은
흔적을 따라 미세한 촉각 탐지한다

사방으로 로봇 거미줄
밤이건 낮이건 모든 것을 촉탁한다
일거수일투족 선명하게 보고 싶고
예쁜 아이들 궁금하기도 해서
한번 달고도 싶다
수갑 채우는 족쇄가 될까.

행복을 그리자

진짜와 가짜가 구별되지 않는 시대다
코스모스 같은 시대, 인생의 목표를 향해 살아간다
나름의 기준도 없이, 우리의 삶은 그렇다
우리는 어떠한 그림을 그려야 할까

우리는 뒷골목에서 내린 눈까지도
따뜻하게 표현할 수 있어야 한다
인생에서 어떤 그림을 그리고 싶어 하는가
무슨 그림을 그리는 것일까
그림은 무궁무진하다
날카로운 연필은 선과 선을 그어서
또다시 아름다운 색으로 나타난다

종이에 펜으로 그려진 풍경은
인생이 덧임으로써 풍성해지고
많은 것이 나올 수 있는 그림이 된다
봄도 그렇다
메마른 꽃, 앙상한 가지지만 그 위에 색이 덮이면
따뜻하고 예쁜 풍경화가 된다
내 안에도 그러한 인생이 가지처럼 메말라 있는
마음속에 풍성하고도 아름다운 블랙홀 같은
삶을 경험한 후에는 새롭게 태어나리라

〉
건강도 나이도 그리고 이상도 그럴 것이다
현재는 낙원을 잃어버린 사람처럼 살지만
언젠간 낙원을 되찾는 날이 올 것이다
그것이 바로 우리의 그림이다

우리의 그림 속에는 지나가는 오토바이와
염소 이런 것들이 우리를 더욱더 따뜻하게 한다
그냥 지나가는 것들을 잡아서 그 속에 넣고 싶다
아름다운 그러한 것들을 찾을 수 있을까

철학도 아니고 이념도 아닌 아이들의 꿈이
행복하게 피어나는 것을 보고 싶을 뿐이다
혹독한 겨울도 지독한 가난도
따뜻함으로 풍성함으로 다시 꽃 피울 수 있다
뼈만 남은 모습이라도 수채화처럼 솜사탕처럼
아무리 추워도 성냥팔이 소녀의
불이 되어 따뜻한 세상을 만들고 싶다
그 불은 더 이상 어떤 가난도 어떤 추위도
비참하게 죽음으로 이끌고 가지 못한다
세상을 밝히는 불
삶 속에 녹아 있는 그림을 그리다.

동망봉의 전설

낙산 밑 미싱기인지 모를 듯한 선들
이 골목 저 골목 다시 살아난다
태양을 향한 그 길은 우주로 퍼지고
정순왕후는
청용사 울타리에서 단종과 헤어지고
매일매일 동망봉에 올라
사랑을 그리워하며
육십이 될 때까지 살아간다
하루하루 올라가고 올라가서
울며불며 드리는 기도
비단이 가득한 지금도
창신동에는 옛날부터 그려지는 그러한
풍경이 있다

가난한 서민들 가내 수공업
서울에 꿈을 품고 상경한
제봉사들
중학교 졸업하고 어머니와 헤어져
지금까지 여기 있다
평화시장, 봉제공장이다
지금도 노란색, 검은색, 파란색 실이

웃음을 향해 들어간다
좁은 골목의 계단들 정순왕후의 슬픈 기억을 따라
동망봉을 향해 올라가고 있다
봉제공장들이 모여 있는 창신동 돌산 안의 모습
서민들의 삶이 묻어난다

여기가 창신동 돌산이다
조선총독부 건물을 짓기 위해
돌을 여기서 캐갔다
지금도 잘린 돌이 훼손된 상태로 있다
또 그 위에다 집을 지었다
지금은 동대문 패션 중심으로
옛날 기억을 먹고 있는 동망봉이다.

돌챙이*의 노래

먼지 묻은 손 돌챙이
망치 소리 챙챙 다듬어 하나씩 쌓는다
돌 하나 무게는 10kg 정도
여자들 일 나간 그 사이를 때운다

누구도 할 수 없는 남자의 자존심
대를 이어야 할 자존심이다
이웃과 세상을 연결하고
자신을 보호하는 소통의 통로

세상 밖을 나가 충격을 받았다
골목 어디에도 아무 데도 고샅길 어디를 찾아도
그렇게 사랑했던 돌담이 없어졌다
그때부터 더욱더 돌을 사랑하게 되었다

사이에 구멍이 있어 가볍다
큰 돌만 사용하는 것이 아니다
때론 모나고 작은 놈도 필요한 것
그래야 태풍도 이길 수 있다.

* 서수의 제주방언

올봄에는 어떤 향기가 날까

들판의 민들레는
길쌈도 하지 않았는데
뿌리 향기가 올라온다

코끝으로 살랑거리는
따뜻하게 물오른 호숫가에
몽몽몽, 파장이 퍼져간다

얼어있던 손끝의
향기는 기다림으로 퍼져
어떻게 누군가를 깨울까

내가 뿌리내린 동산에는
어떤 꽃이 피어날까
오늘도 길목을 바라본다.

카오스

흔들리는 무지개 불이 났다
불을 쫓아 날라 온 나비 갇혀 버렸다
한 손에 운명이 좌우되는 눈들 한쪽으로 몰렸다
푸르른 저 끝 산호초 찬란함에 속아서 다른 물로 풍덩
하늘에 떠다니는 지휘자를 따라 몸도 따라 움직인다
너희가 바라보는 눈빛은 그렇게 중요하지 않다

볼펜 끝 손가락으로도 이리저리 쏠리는 위태로움
가슴을 쓸어내린 일초 후 심장 벌렁벌렁 입만 뻐끔뻐끔
두려움의 꽃이 되어 둥둥 떠오를 때 바다를 그린다
너희가 살았던 곳이 이끼 먹고 파란 똥 싸고
나무뿌리 사이로 날아다니는 $500ml$의 코스모스라는 것을
누구도 예측하지 못했을 것이다
항상 유리하게 바라보고 있는 누군가가 있다는 것도

불빛마저 없어져 버린 숨 막히는 공간, 생명을 찾아
바이러스는 서서히 죽음에 유리한 속도로 몰고 갔다
떠다녔던 무리의 꿈 이제는 파리 같은 운명에 눈 감고
입을 벌린 채 하늘 구름 속으로 몸을 맡겼다
녹색의 풀 허공에 떠 있는 유리 안 세상을 보면
지난여름 뜨거웠던 정열 아무도 기억 못 할 것이다.

바쿠

딸을 놀라게 한 바쿠
방에 들어가지도 못하게 만든

바쿠 세 마리, 벽을 타고 노는
애들 때문에 서울에서 대전으로 내려왔다

집으로 내려와 동생과 싸우고 한 바쿠 돌아
엄마한테 한탄한다.

제3부
당신이 희망이다

태양의 명상

지중해에서 태양이 밝아 오는 곳을 본다
8시간 전 동해의 태양은 한반도를 밝히고
서해로 중국 상해 내륙을 따라 경도로 돌며
몽골 평원 잠자는 늑대들을 깨우고
스탄들의 실크로드를 따라 흑해가 밝아 오면
카스피해를 따라올 때 지구 반 바퀴
숨도 쉬지 않고 태양은 자기의 일
묵묵히 대지를 깨운다

따듯한 길 따라 태양이 지나간 흔적처럼
내가 지난 흔적은 좋은 것으로 남았으면 한다
태양보다 위대하지는 못하고
대지보다 우람하지는 않고
바다처럼 모든 것을 받아 주지는 못하더라도
살아서 스쳐 간 영혼들을
찌푸리게 살지는 말자.

내 사랑 엘비스

수표 사기로 감옥 간 아버지 목화밭 따라간 흑인 동네
새로운 놀이터 함께 뛰놀던 신나는 음악 천국으로 들어가
성령을 만나 음악 듣고 무엇도 거스르지 않는 음률
신세계 여자들은 뽕 갔어 듣지도 보지도 못했던
미시시피와 앨라배마 특별공연 매진
남부 여성들은 춤에 푹 빠졌어 몸을 움직일 때마다
나비는 날아들어 천막에서나 들판에서나 공연장은
그가 있는 곳은 매력적인 먹잇감

빛나는 거울 속에 갇혀 갈 길 잃은 영혼
귀한 음악은 모든 이의 지갑을 탈탈 털었다
쇼 비즈니스, 어린 나이에 감당할 수 없는 돈의 하이에나 떼들
하늘을 나는 디스크는 머리가 어지럽게 빙글빙글 돌아간다
그의 노래는 글로벌 영화로 히트한다
사기꾼들 벌떼같이 스크린 TV 모니터로 몰려들어
함정의 늪으로 빠져 허우적거린다
피아노 앞에선 외톨이 세상의 놀림감

흑인의 골반으로 춤을 추는 백인

촌뜨기 개가 옷을 입은 우스꽝스러운 광대
나만의 길을 갈 것을 다짐한다
흔들려서는 안 돼, 잘난 백인들을 향하여
더는 괴롭히지 마
사랑하는 흑인들 싸구려라도 좋아
모두가 좋아 목청이 터져라 친구들은 좋아한다
친구들과 함께 놀고 싶은 이야기가 들어있는 영혼

더는 노래를 부르지도 마, 여기는 출입금지
경찰들이 지키는 게 무슨 노래야
노래를 편집하면 여기서 끊어 버릴 거야
이런 노래는 부르지 않을 거야, 명령 따위는 하지 마
함부로 건들지 마, 음악에는 경계가 없어
젊은이들이여 경찰과 충돌하라 감옥을 가라
감옥에서도 노래하고 자기 멋에 취하라
이젠 모두 술에 취해 노래를 불러라

기자들의 카메라 렌즈는 목을 조여온다
더는 숨을 곳이 없어 어머니의 기도가
헛수고 비틀거리는 외로운 사람들을 위해
꿈 꾸는 이들을 위하여 계속 노래를 불러라

라스베이거스의 영광을 버리고 베트남의 평화를 위하여
마틴 루터킹 보다 링컨 보다 더 흑인의 꿈을
함께 쓰러지지 않는 세상을 노래하자
로큰롤로 세상을 바꾸는 급진적 찬송가

산타클로스도 춤을 추고 구름 속에 보이지 않는
구원에 닿기를 바라는 에너지와 반항의 가수
향연 42세, 길고 외로운 길 사랑이 필요한 세상
푸른 눈물로 떠났다.

어머니의 방

세월 짜내 늘어진 젖가슴
풀 뽑는 앉은뱅이 의자와 몸빼
땀범벅이 된 몸 툭툭 털어버리고
나무 그늘에 앉아 오는 차만 바라본다
서로 좋으면서도 만나기만 하면
더 이상 함께 살지 않으려고 떠났던 고향

만선의 기쁨 가득 안고 돌아올 줄 알았다
그은 얼굴 짠물 맞아가며
등대 그림자를 헤치고 거침없이
젊음 하나 믿고 덤벼들었다
찢어진 손
흔들리는 파도 그물과 싸우며
그때는 다 할 줄 알았다

흐느적거리는 광고인형처럼
시간에 찢기고 외로움에 지쳐도
언제나 보증 수표
더 큰 이자만 따라 붙어도
청구서를 내밀지 않는다.

나의 몫

아픔은 용서하는 것도 아니고 그냥 견디는 것이다
슬퍼할 겨를도 없이 그냥 사는 것
운명은 예고도 없이 이해하고 설명도 없이
고난으로 몰고 갈 때
천천히라도 걷고 싶다

세상에 아무리 소리쳐도
누구도 듣지 않는다
아무 말 잔치하는 너무 아픈 마음
생각지도 않지만 나만 바라보는
시선 도처에 가시로 박힌다

피가 흐르는 그렇게 말할 수도 없게
사는 게 힘들 때 그냥 걷는 거지
누구도 설명하지 않고
장애가 가져다준 고통에 몸부림칠 때
언제 그랬냐는 듯 잊어버리고 산다

어떻게 지내는지 이야기도 하지 않고
그냥 사는 모든 것이 망가져서
빨리 갈 수 없지만 도망하지 않고

그물망에서 일어나서 빠져나와야 한다
얽혀 있는 실타래를 하나하나 푼다

사람들은 아픔이나 괴로웠던 시간
알지도 못하고 기억하지도 못하는
그냥 왜 그리 쉽게 이야기하는지
이렇게 늙었니 얼굴은 왜 모양이야
그래도 일어나려고요

가족마저 이해하지 못하는 책임감
일어나는 것은 전적으로 나의 몫이다.

사막의 교부들

높은 뜻 키워놓고 땅속으로 숨어들어
모든 것 내려놓고 하늘만 바라보는 눈빛
사막에 홀로 피어난 샤론의 장미들
여기에서도 저를 버리면 안 됩니다
더 이상 내려갈 곳이 없는데
더 이상 쏟아 줄 힘이 없어요
목이 타들어 가는 데 그런데 왜 자꾸

가는 세월 흘러가는 사막의 발자국은
하나 없이 사라져 허망한 그림자
수많은 사연 담아 좋은 집 다 버리고
여기에서의 기도는 불쌍히 여기소서
왜 가야 하는지도 모르고 걸어가며
포기하지 마시고 기도가 되게 하소서
까마귀들이 물어다 주는 양식

일절 더 이상 쫓기지 말자
방황하는 순례자
몸 하나 숨길 곳 없는 바벨론
기도로 눈물의 강도 다 건너고
그래도 당신이 가르친 것은
은혜 강가에서 베푼 사랑.

슈도 아카시아

진짜 너의 이름은 아까시
아름다운 아가씨 어찌 그리 예쁜가요 아카시아껌
요즘 아까시와 꿀벌도 없어진다
연결된 고리가 끊어진 임 그리워
나를 좋아한다 안 좋아한다 했던 추억
꽃이라고 불러줘야 그제야 꽃이 된다
유럽 사람들이 처음 보고 가짜 아카시아다
호주의 국화 아카시아 노란색과 녹색이다

1910년 경인 철도 만들 때
독일 총영사 빨갛게 드러난 척박한 땅에
비가 안 와도 잘 자라는 중국 칭타오에서
나쁜 것은 다 일본에서 들어왔다고 한다
1880년대와 1890년대 초쯤에 들어와
지금 상주에는 140년이 된 아까시나무
땔감이 귀한 시절 수만 그루를 들여와
한국전쟁으로 헐벗은 강산 푸르게 푸르게.

당신이 희망이다
- 크리스마스에 읽는 시

나 잘났다고 떠들던 어느 날
수만 번 삶을 저주하기도 하고
태어난 걸 원망했던 그날
당신은 나의 손을 잡아주었고
당신은 날 만나 주셨죠

단 하나밖에 없는 그것을 받았을 때
너무 부끄러워 당신을 볼 수조차 없었습니다
왜 나를 사랑 하나요, 내가 무엇이기에

행복하고 싶어 시작하려 했던 일이
자기의 주장으로 인하여
서로의 마음만 황폐하게 만들고
쉴 곳조차 없어 앞길이 보이지 않던
우리 가정에도 당신이 오셨습니다

당신의 기다림으로 인하여
하나가 되었고, 아무리 힘들어도
사랑해야 한다는 것을 알게 되었고
서로를 항상 소중하게 여기며
같은 꿈을 꾸게 되었습니다

〉
희망 없는 차디찬 고통 속으로
백지 같은 찢기고 상처받은
우리의 마음에 오셔서
덧칠해 주시고 싸매 주시는
손길을 느꼈습니다

그 손길로 인하여 변화되어서
내가 조금 더 양보하고
먼저 손 내밀어
우리가 살고 있는 곳이
따뜻해지길 소원해 봅니다

소란스럽고 힘겨운 세상에
고요하고 영롱한 빛으로 아름답게 내려와
우리를 하나로 일어설 수 있게 한 당신

당신 때문에
이 자리에서 힘을 내어봅니다
세상을 이길 힘과 용기가 필요한 오늘
이기심으로 얼룩진 이곳에

사랑이 가득하길 소원해 봅니다

나의 삶 속에도
빛처럼 당신이 나타나
세상을 찬란하게 밝히길 소원해 봅니다
어서 오소서
마라나타 마라나타 마라나타.

오래 오래

오래오래 사랑하고 싶어요
나이는 필요 없어 직업도 묻지 마
어떻게 살든 중요하지 않아
지금이 마지막인 것처럼 힘을 내고

오래오래 사랑해 보자
눈을 뜨고 다시 일어나서 하늘을 보자.

파일럿*
– 배틀 포 서바이벌

검은 그림자 하늘을 뒤덮고
치열한 꼬리를 물고 곡예를 펼친다
이리저리 여기가 어딘지 모른다 피하다
아, 피해야 해 비행기가 맞았다
날개 꽁지는 구멍이 숭숭
구름이 걷히고 활강한다

바위에 부딪혀 폭발이다
여기가 절망의 끝인가 얼음을 타고
이리저리 다친 다리를 이끌고
얼어붙은 강을 건너며 수풀을 헤치자
숨 막히는 포탄이 터지고
허연 이빨 드리운 늑대들의 입김

총알 사이로 운명 같은 시각이
자작나무 눈발 사이로
이리저리 우두둑 뼈들을 맞추고
살기 위하여 쥐 죽은 듯 숨을 멈춘다
혹독한 추위와 찢어지는 상처들
절대적으로 놓을 수 없는 생존의 끈

시체로라도 꼭 돌아가야 한다
죽은 목숨, 온몸이 얼었지만
이리저리 희망 줄기를 따라
감은 눈을 다시 떠야만 한다
사랑하는 그녀를 위하여
다시 일어나야 한다 포기할 수 없다

장애도 하늘을 나는 것을 막을 순 없다
다시 심장을 뛰게 하고 싶다
이리저리 날기 위한 날갯짓
더 이상 비행을 막을 순 없다
무장애 공간 창공에서는 자유인이다
발은 잘렸지만 날개를 잃은 것은 아니다.

*러시아 공군 조종사 이야기를 다룬 영화

감사가 넘치면

감사가 넘치면 사람이 변해
화나던 얼굴도 미소로 변해
진리가 감싸면 용서로 변해
병들었던 마음도 건강으로 변해
내 마음대로 되지 않아
가슴 아파 욕심으로 쓰러질 때도
감사만 있으면 일어날 수 있어요
사랑으로 힘을 내세요
아무리 힘이 들고 쓰러질 것 같아도
일어서서 힘을 내세요
나 같은 사람도 열심히 살잖아요
당신도 일어서세요
때리지 말아요 싸우지도 말아요
부끄럽게 살지 말아요
행복은 마음먹기 달렸어요
행복은 곁에 있어요

웃음이 넘치면 인생이 변해
지겹던 세상도 천국으로 변해
아프던 마음도 건강하게 변해
힘들던 세상도 환하게 변해

내 마음 아프게 한 사람도 용서하자
가슴 펴고 넓어지자
사는 게 힘이 들어 죽을 것 같더라도
일어서서 힘을 내세요
아무리 세상을 이해할 수 없어도
우리 모두 힘을 냅시다
지금부터는 이해하며 살래요
따지고 보면 아무것도 아니에요
화내지 말아요 따지지도 말아요
그 누가 잘났습니까
이해하며 손해 보며 살아요
행복은 곁에 있어요

너무 빨리 앞서 가지 마세요
화내지 말고 짜증 내지 말고
웃으며 살아갑시다
욕심부려도 부자 욕망을 내려놓으면
세상이 내 것
물질은 쫓아도 허무
행복은 나누면 나눌수록 부자.

신드바드의 모험

 힘이 빠져나가는 지친 몸으로 생명을 건 모험을 시작한다. 바퀴들은 어디론가 달려간다. 응급실에 도착, 여기서부터는 살아야 한다는 간절함. 양탄자에 몸을 싣고 정신없이 달린다. 의지와는 상관없이 여러 역을 통과한다. 신발 소리 구령에 맞춰 롤러코스터를 탄다. 둥근 기계 우웅 소리를 내는 터널을 지난다. 사람들 붐비는 시장통, 양탄자 위로 웅성웅성 형광등이 지나간다. 이곳저곳에서 심각한 눈동자들 조사하기에 바쁘다. 시간은 생명을 갉아먹으며 굼실굼실 온몸을 파고든다.

 나 때문에 휴가도 반납한 의사들. 마지막 모험이 기다린다. 근육의 힘은 서서히 빠져나가 몸이 그렇게 가벼울 수 없다. 힘이 다 빠져나가자 죽음이 다가오는 것을 느낀다. 붕 떠 있는 몸은 무게를 전혀 느끼지 못한다. 누구도 의지하지 못한 채 침대는 스르르 수술실로 향한다. 사람들의 집중하는 눈을 바라보며 잠에 빠져든다. 아! 숨쉬기도 힘들다. 팔에는 온통 주삿바늘, 번쩍이는 모니터. 짐짝처럼 한 구석에 처박아 놓고 농담하며 간식 먹고, 빈 유리창 너머로 사람들의 그림자만 보인다. 이젠 살았구나 안도할 때, 내 머리 위로 음성이 지나간다. 두려워하지 말라 내가 너와 함께 함이라.

사막기도

걸어도 마냥 그 자리
나타나지 않는 철저히 배제된 몰입
부족함의 결정으로 몰아가는
이 붉은 따듯한 빛
그 고토로 들어가면
사막여우는 전갈의 독을 피해
맛있게 씹어 먹는다

어려운 상황은 더욱 정신을 차리게 하고
어디에나 천적은 존재한다

모든 것이 어려워 눈물 흘리며
웅크리고 잠이 들다가도
기도할 수 있는 아침을 맞이할 수 있는
이 순간이 다 아름다워진다
갑자기 아픔을 당해도.

엄마 돌아가신 날

사는 게 바빠서 가지도 못했다
달리는 차 창 밖을 바라보면
많은 일들이 지나가고
간간이 생각했다
우리는 사랑할 수 없는 것인가
이젠 찾아갈 수 없지만

비 오는 날 바닷속으로 들어간다
비속을 거닐면 바다에 빠져
구름으로 들어가던
젊음의 뜨거움
바닷속을 들어가도 열은 식지 않았다

그렇게 자랑스러워하실 줄 몰랐다
이제 어디 가서 어리광을 부릴까
비속을 거닐면 잃어버릴까
구름으로 들어가면 추억이 생각날까
올라온다 무엇인가 올라온다
아직도 내 마음은 뜨거운데

그때가 어느 때인지 신간이 나지 않고

가끔은 문뜩문뜩 떠오르겠지
문을 열다가 TV를 보다가 길을 걷다가
바람이 차서 눈물이 흐른다고 말하겠지
그때 변호해 줄 사람을 잃어버렸다는 것을 깨닫겠지
아주 떠난 것이 아니라 조금 이따 볼 수 있다고.

희망

개미처럼 어두운 동굴
남들이 가지 않는 길
수십 배나 큰 나뭇잎을 잘라
아무도 알아주지 않는 바보처럼

한 줄기 빛만 바라보고 찾아
흙 파고 바위도 녹여서
아무 것도 보이지 않지만
더듬거리며 올라야만 했다

불모지 잡초도 없는 땅
흙냄새 땀냄새 겨우 느끼는 명암
오르고 또 오늘을 살아왔다
분명한 아름다운 삶을 위하여

빛이 들어오던 어릴 적 학고방 창문
흔들리는 몸 어른거리는 나뭇잎
다리로 일어서기 위한 발버둥
그 기억이 오늘 다시 일어서게 했고

누구도 건지 못했던 좁은 길

어둠도 막지 못했던 이 길
비웃음도 오해도 진심으로 극복하고
시기도 싸움도 없는 아름다운 집

그 본향을 향하여 오늘도 달린다.

나의 소원

아버지가 없고 엄마는 돈 벌기 위해 시장에 가고 없는 학고방
혼자 몸으로 세상을 이기기 위한 몸부림, 창문 밖에는 무엇이 있을까
나는 일어나야 해, 흔들리는 몸 잡으며 다짐으로 꿈을 향해 걸어가기 시작했다

나 하나만을 위하여 고초를 이겨낸 어머니의 소원
건강하고 잘되는 것 보다 주일에 함께 교회를 가는 것
매일 울며 기도하고 부르짖던 그것은 목표가 되고 사랑이 되었다

언더우드 기도로 세운 영동제일교회가 힘이 되었다
할머니의 할머니가 불렀던 찬송을 부르며 아이들 하나하나를 만났고
지금 그 아이들, 아들 손잡고 교회에 오는 것을 보면 눈물이 난다

낮고 낮은 곳에서 오르고 또 오르며 스치는 까만 밤 눈보라
사명이 너무 커서 감당 못 할 두려움에 울고 세상이 서러워서 울고

불편한 몸을 이끌고 고난의 시절 견디며 행복을 일구었다

가족과 어머니의 부르짖음 속에 눈물의 씨앗은 성공의 열매가 되었다
아이들이 힘들 때도 있지만 보는 것만으로도 매일 삶이 감동
나의 마지막 소원은 아들의 아들까지 예수님을 따르는 것이다

나의 진짜 소원은.

딸의 자췻집

베란다 창을 넘어
따스한 햇살 머무는 곳
그곳에 앉아 있는 바퀴벌레와 거미줄
세월의 흔적을 고이 간직한 집

벽에 걸린 사진들 속
웃음 짓던 엄마와 추억들
어느새 손길이 미소를 지으며
시간의 이야기를 들려준다

바람 부는 날엔 문틈을 막고
비 오는 날엔 지붕을 고쳐가며
이 집을 지켜온 나날들
그 속엔 사랑과 기억이 쌓여 있다

바퀴벌레를 처음 본 순간
엄마에게로 달려가고 싶었다
여기는 더 이상 살 수 있는 집이 아니야
혼자서도 꿋꿋이 서 있는 모습

집은 그저 벽과 지붕만이 아닌

삶의 모든 것이 담긴 그릇
서울로 온 후 그 그릇을 채워온 세월
여기가 대단한 삶의 무대가 되었다

이제 해가 지면, 조용히 눈 감고
내일을 맞이할 준비를 한다
딸의 하루, 딸의 집, 그리고 삶
이곳에서 어디까지인지는 모르지만.

칼의 춤

바다 위에 이는 파도, 그 아래
침묵 속에 잠든 칼날의 결심
어둠을 가르는 달빛 속에서
이순신의 영혼이 빛을 좇는다

철갑선 위에서 칼이 춤을 춘다
그 선율은 바람을 가르고
파도를 벗 삼아 전장을 가른다
그 날카로운 춤사위, 적은 두려워한다

바람이 몰아쳐도 흔들리지 않는
한 손에 쥔 진실의 무게
다른 손엔 백성을 지키려는 굳은 의지
칼끝에서 피어나는 불꽃 같은 기개

모두가 물러설 때, 그는 앞으로 나아갔다
두려움 없는 용기, 그 한 자루 칼에 담아
적의 함선은 그의 춤 앞에 멈추고
바다는 그의 이름을 기억한다

죽기를 각오한 자가 살아난다

그의 외침은 칼끝처럼 날카롭고
용기와 신념은 그의 춤이 되었다
칼날에 새겨진 그의 의지가 파도에 울린다

그의 춤은 멈추지 않는다
한 놈도 살려두지 마라
바람 속에, 물결 속에, 그들의 마음속에
영원히 지워지지 않도록 칼의 춤이 이어지리라
이 땅을 지켜온 이름 모를 백성들의 혼과 함께.

시원하게 욕하라

남몰래 그리움에 지친 세월
여기서 끝을 보자 인연은 없다
더 이상 만나지 않을 정도로
그만두는 것이 시원한 것 같다

억눌림과 폭풍 속 외침
아 더러운 쌍, 이것이 무엇이냐
거룩한 소리, 아 이것은 깨끗한 것
더 이상의 침묵은 금이 아니다

그래, 오늘은 참지 않을 거야
마음속 울음, 더는 감추지 않을 거야
분명히 저놈은 천벌을 받을 꺼야
이런 구리지언은 힘없는 자의 외침이다

가슴 속 울컥함, 쏟아지는 바람
마음속 억울함, 터져 나오는 파도
아, 말로 다할 수 없는 이 답답함
바람처럼 사라지길, 폭풍처럼 날아가길

하늘을 향해 소리쳐 본다, 야호!

세상아, 이 어둠을 몰아내 줘!
나를 짓누르는 이 무게를
한 번에 훌훌 털어내고 싶어

응어리진 것이 풀어질 때까지
신나게 말을 하자, 이 폭풍이 지나가면
분명 내일 하늘은 맑을 테니까
그때 나는 자유로이 웃고 있을 거야.

제4부
꽃을 피우다 ·

들꽃

아무도 알아주지 않아도
향기를 바라고

누구도 몰라줘도
아름다운 세상을 만드는

나는 노래 부르리
누구도 들어주지 않지만

큰 나무들 속 그늘에서
낙엽의 양분을 먹고 영약이 되었다.

사랑스러운 아들

훈련소를 나와 집으로 온
매일 얼굴 보는 상근예비역
친구들 선배들 전화하느라 정신 없다
엄마가 밥을 줘도 먹는 둥 마는 둥
아빠도 궁금한데 얼굴도 못 봤다
제대해도 얼굴 보기가 어렵다
뭐든지 마음대로 혼내지 못하고
그저 스스로 깨달아야 하나 보다
시간도 마음대로 못 한다

그저 시간이 해결해 주길 기도해 본다
도서관으로 취준생은 이리저리 바쁘다
엄마와 티격태격 싸우고
밥 차려 먹고 나간 흔적만으로 감사하다
옛날엔 나도 바빠서 엄마 얼굴을 보지 못했다
지금은 바쁘지도 않고 갈 수도 있지만
맨날 이런 핑계 저런 핑계를 만든다
시간은 왜 이리도 빨리 가는지
막으려 애를 써봐도 차고도 넘쳐흐른다.

산수유

여름부터 시작된 겨울눈
봄이 기다림 되어 싹을 틔웠다

우리 부부의 기다림은
가을에도 봄의 마음을 품었다

올봄에 올라온 열매들 옆에
작년에 피었던 열매들은
허옇게 작다랗게 찌그러져 있다

세상을 향하여 활짝 문 연 밝은 꽃
미스터 트롯 올하트를 터트렸다.

꽃을 피우다

어둠 속에 묻혀 있던 씨앗 하나
차가운 땅을 뚫고, 빛을 향해 손을 뻗네
아무도 보지 못한 그 깊은 곳에서
조용히, 그러나 끊임없이 꿈을 꾼다

흙 속에 묻힌 작은 씨앗
보이지 않지만 살아 있는 꿈
차가운 겨울을 견디며
아무 말 없이 기다리네

비가 내리고, 바람이 불어도
흔들리지 않는 작은 소망
마침내, 그 고요한 기다림 끝에
한 송이 꽃이 피어나네

대지는 찬란한 색깔로 비를 머금고
조용히 몸을 일으켜 하늘을 향해
한 걸음, 또 한 걸음 햇살이 내려앉으면
깊은 뿌리 내리고 꽃잎을 펼치네

땀으로 흥건해진 향은 은은하여

세상은 다시 한번 놀라워하리
눈에 보이지 않던 그 힘이
이토록 생명 드리운 꽃으로 피어났을까

꽃을 피운다는 건
작은 순간이 아닌 긴 여정
어둠을 견디고 비바람을 맞으며
마침내 피어나는 그 찬란한 순간

바람이 속삭이는 소리에
꽃잎은 나비를 불러 춤을 추고
세상은 그 향기를 따라 웃음 짓네
어느새 작은 씨앗이 세상을 물들이네

힘겹게 피어난 그 한 송이
세상의 모든 색을 담은 듯
너도나도 진리와 자유 꽃을 피우며
역경 속에서도 빛나는 존재로 타오르리라.

성형미인

사랑하는 귀여운 여인
꾸미지 않아도 꿈처럼 향기롭다
있는 그대로 바라보는 사람

있는 모습으로 바라본다
어느 날 다가온 사람
뿅 가게 만들어 설레게 해놓고

사랑에 빠지는 순간
이제 실험 인간이 되어 조종을 받는다
정해진 운명이란 없다
길을 만들어 간다

사이프러스 기다리던 봄
노래는 거짓말을 못 한다
얼굴에 다 나오는 것이다
아무리 감추고 꾸미려 해도

다 나온다 당긴 곳 세운 곳이 다 보인다
티가 난다
노래하는 얼굴에 다 보인다

니가 살아온 세월이 묻어난다

아무리 덮으려 애를 쓴다고 한들
노래하는 모습에는 살아온 명예가 있다.

느림보 토끼

남들은 운이 좋아
평범하게 걷는 것들을
쫓아다니는 세상의 삶
그러는 나도 그렇게 쉽지 않다
이제는 한 발짝 내디뎌 본다

아무리 잘난 척은 다해도
사는 것은 너와 내가 다르지 않다
아무리 외쳐보고 멋지게 살려 해도
언제나 공허한 외침
천천히 그렇게 가는 거지

다른 사람들을 몰고 다닌다 해도
어린 시절 어쩔 수 없는
기댈 수 없어서 한숨지으며
하늘의 구름만 바라보는
멋진 인생은 아니라도

아름다운 세상을 살려고 하지 말고
처음 사는 아이처럼 그렇게 사는 것이
처음 걸음마 하는 것처럼 걷고 싶다

생의 찬미를 나처럼 사랑하고 싶어
그냥 하루를 시작해 본다

다들 그렇게 사는 노래를 부른다
먼 산을 바라보고 오르기 시작한다

사막꽃

좋은 세월 영롱함 따라 어디로 가느냐
뜨거운 햇살에 모래가 익으면
시간에 따라 금세 영하로 내려가면
밤사이로 습기가 생기는 순간
춥고 배고픈 시간이 하늘 벌려
영양을 먹기 위해 미세한 모래 속
벌레처럼 파고들어
입속에 먼지만 풀풀 가득 채우고

하얀 밤에 달빛 가득 품고
두 팔 벌려 오직 하늘만 보고
무슨 죄를 지었는지
낮에는 얼굴을 들지 못한다
밤사이로 차가움이 얼굴을 만지는 순간
우윳빛 산호초들 일제히 입을 벌린다
지상에서 피는 제일 황홀한 결정
금방 시드는 주검처럼 풀이 죽어
햇빛만 보면 눈을 감는다

젊은 뜨거운 사랑은 불꽃처럼 타오르고
금방 늙어버린 쭈그러든 모습
인생 그래도 잘 살았다.

고래 운동

누워서 손발을 움직여 봐라
움직여지면 계속해서 꼼지락거려 보자
최대한 천천히 손을 올려라
손과 발을 올려보고 움직여라
드러누운 고래처럼 하늘을 날자
바다 깊이 헤엄치며 최대한 많이 퍼덕거리자

앉은 자리에서 고대로 다리를 올리고
내리고 발바닥을 부딪쳐라
손을 벌리고 몸통을 돌리고
고개를 돌리고 위아래로 끄떡끄떡
즐겁게 춤을 추다가 멈추고
입을 크게 벌리고 한 번 웃어보자

일어나라 앉아라 다시 일어서라
하나 둘 셋 다리가 아플 정도로
즐기며 웃으며 계속해서 다시 앉았다
다시 일어나고 몸이 회복될 것이다
더 많이 걷고 달려가며 높이 뛰어라
다리에 힘이 손의 악력이 세질 것이다.

고난이 꽃이다

어느새 어디서 왔는지 봄꽃을
시샘하듯 추위는 떠나질 않고
더욱 옷깃을 올리게 한다

어둠의 욕심으로 죄를 모르는 인간들
하늘을 향해 눈물 흘리며 손들고
제단 위에 올리는 기도는 빵에 쏠려 있다

고난 중에 누굴 위하여 외로움 견디며
십자가 위에서 하늘을 덮은 아픔과 추위
하얀 탄식을 뿜으며 소리 질렀을까

얼마나 참고 견뎌야 이룰 수 있을까
부끄러움도 얼마나 참아야 하는가
더 이상 어떻게 뭘 무엇 때문에

외면하고 싶은 길 숨이 막혀도
왜 그리 신경 쓰는 걸까
자기 위하여 꽃을 피우는 인간 만상

그것이 은총이리 먺기 그리 좋을까

벼랑 끝으로 난 길엔
그래도 봄이라고 꽃이 피었다

계속해서 한 걸음씩 따라갈 수 있을까
나도 그 꽃을 피울 수 있을까.

B 침례, T 감사, S 거룩

B 당신을 만나 새로운 재미를 알았고
   영혼의 갈급함 비둘기같이 내려오는
   더 좋은 아쿠아 속 Sant Water
   어디나 있는 것 누구나 받는 것
   겉은 빛나는 육체요 풀이요
   속은 아름다운 꽃으로 피어납니다

T 나를 이해하는 당신 앞에서
   나를 아는 당신을 바라보니
   앉아 있을 때나 일어설 때 어디서나
   애통해하는 사람은 위로를 받고
   심령이 가난한 사람을 인식할 때
   눈물로 침상을 띄우며 요를 적십니다

S 연약함 때문에 더욱 강해지는
   분노로 책망하지 말고 진노로도 말고
   뼈가 떨리오니 나를 고치시고
   어느 때까지입니까 나를 건져주세요
   스올에서도 어두운 골짝 지나갈 때도
   원수의 목전에서도 잔이 넘치나이다

저 나사로에게 명하여 내 혀를 서늘하게
물 한 방울만 손가락으로 적셔주세요.

암 환자의 한나절

온 세상이 찬란하게 보이더라
박스를 묶어 리어카를 끌고 가는 할아버지
힘차 보이는 근육과 팔다리
너무 멋있어 보여
살아서 생명을 누린다는 것은

포장마차에서 떡볶이와 어묵을 끓이며
땀 흘리는 아줌마가 부러운 적은 없었다
버스가 온다고 사람들이 뛰어갈 때
생명이 흘러넘치는 것을 보았다
나무는 상처가 나도 스스로 이긴다

난 더 이상 이 세상에 없겠지
이런 세상을 함께 할 수 없겠구나
존재가 잊힌다는 것은
그렇게 괴로운 일은 아니라
단지 가만히 나뭇잎처럼 떨어진다는 것이야

영등포역에 섰을 때 지나는 사람들 사이
술에 찌들어 때국물 흐르는 노숙자 얼굴
파란 하늘 녹음이 잠든 곳 자연은 치유를 준다

하나도 걱정할 것 없어요
우리는 죽기 전까지는 절대 안 죽어요.

판테온의 기둥

모든 신의 집
벽돌이 무너졌으면 무너진 대로
창문이 없으면 없는 그대로
길이 파손됐으면 부서진 대로
화장실이 없으면 참으면 되고

그냥 서 있는 자리가 2천년이 지난
건물이고 골목이고 시장이다
히틀러도 나폴레옹도 파괴하지 못한
울퉁불퉁한 벽과 기둥의 낙서들도
이쁘지는 않아도 그냥 화려하다

꾸미지는 않아도 모든 건축에 영감을 주는
시간에 따라 변화하는 빛의 패턴은
돔의 중앙에 오큘러스로 들어오는 빛은
내부의 대리석 바닥과 벽을 비추며 돌아간다
문화와 종교를 넘어 과거와 현재를 동시에 느낀다

포졸라나라는 화산재와 석회, 자갈을 혼합하여
로마에서 발명한 콘크리트는 거룩한 돔으로
'성 마리아와 모든 순교자의 교회'라는 이름으로

가는 곳마다 진정한 신전 중의 신전이 되었다
단순한 신전을 넘어 신성함과 창조성을 상징한다.

고모 시집가던 날

죽은 줄 알고 뜨럭에 놓았단 말이지
기절한 그놈 깨어나서 휘젓고 돌아다니는데
돼지막 옆 수채구녕을 들쑤시고
사랑방 쪽 할아버지는 눈이 튀어나올 정도로
저놈 잡아라 외쳤지

죽어라고 깨깨댁 소리 내며
마당을 쏜살같이 가로질러 가다가
회사무리에 부딪치고 요강에 첨벙첨벙
허연 배춧단을 헤쳐 놔 버렸지
꽤깨깩 하면서 나죽다고 소리를 질러대고
돼지들도 덩덩덩 깨~꽈악
두엄자리 옆에 소도 이게 뭔가 음~머
일어나서 고개를 흔들흔들
한참을 그렇게 날뛰다가
작은아버지한테 잡혀 버렸어

대낮 같이 밝은 60촉 백열등 밑에서
마루와 뜨럭 그리고 마당, 멍석에 앉았지
고개를 숙였지만 고모는 붉은빛 돌았고
두엄자리엔 닭털이 수북, 식구들은 화색이 놀았지.

양산 하늘

까맣게 탄 아이들 빛나는 눈동자
구름은 굽이굽이 용바위 귀암을 지나쳐
자랫벌 백사장 비를 뿌리고 지나간다
비봉산 바람 미루나무 아래 불어 올 때
비 피하던 동네 악동들 웃음꽃 피었다

찰랑찰랑 금빛 일어나는 돌 사이
차르르 차찰 흐르는 물 차가운 얼굴 비빈다
강뚝 풀 뜯는 워낭소리 여의정까지 들리고
논 일에 골 파인 아낙의 얼굴 흐르는 구름을 본다
양산벌 하늘 꽃은 바람보다 가볍다

달빛 아래 벌레들 춤을 추는 곳
아무도 불러주지 않는 영국사의 은행나무는
남몰래 우는 당신에게 찾아와 웃음꽃이 되어준다
하늘에서 잠자리 떼 오르락 내리락 에어쇼를 펼치고
강가 풀섶 위엔 빨간 꽃이 핀다.

엘비스의 분노

거침없는 소리의 향연 흑인 친구들이 공감하는
가난한 집 목화밭에 향수로 흘러나온다

2차 세계대전 암투와 갈등
투펠로의 아들 가난한 흑인 동네

부모님은 가난하고 어릴 적 어울리던 친구는
목화를 따는 부모 밑에 있는 검게 그을린 아이들

엄마 품에서 흘러오는 시원한 바람은 노래를 타고
목화껌은 달짝지근하게 목구멍을 타고 흐른다

DNA에 블루스를 새기며 할렐루야 영혼을 담아
검게 빛나는 눈동자들이 모인 곳 감사와 노래가 넘쳐

버스도 못 타고 함께 먹지도 못하고 놀지도 못하는
분리되던 시절에 함께 놀고먹고 공부하며 찬양했다

차별도 분리도 눈치를 받지도 않는 두 인종에 익숙한
피부색을 떠나 로이 해밀턴과 딘 마티를 존경했다

표준을 거부하며 일어서서 기타를 치며 춤을 추는
새로운 기준 혁명적인 기회를 만드는 자유의 공간

감정에 따라 블루스에 컨트리를 섞어 불렀지만.

오월야五月也 방성대곡放聲大哭

오월이 오면 하늘이 열릴 줄 알았는데
답답했던 마스크 벗고 맘껏 꽃놀이 즐겨보고 싶었다
하늘은 더 막히고 빚에 몰린 자영업자들은 더욱 장사가 힘들어

물가 올라 원가 올라 인건비는 하늘과 같아서 시간이 금이다
더 이상 먹고 살 게 없다
국회의원 자기 방어막 하늘을 가릴 수 있을 것인가

그동안 쌓아 온 자유민주주의 이젠 없어졌다
검찰 꽉꽉 묶고 서민들을 꽁꽁 묶는 살벌한 공안정치

알 만한 사람이 왜 그러냐 언론은 처먹은 것이 무서워 침묵이로다
양극화는 심화되고 쓰레기 줍는 노인들의 한숨 소리 가득하다
이제는 억울해도 말을 못 하고 범인이 나와도 수사도 못 하지

운동시절 대오 짜고 전투경찰들 앞에서 떨리는 노래

최루탄에 흩어져 골목길을 돌고 숨어서 주먹은 리듬에 맞추어

70년간 흔들어온 자유민주주의 어디로 가고 선거범죄 말도 못 꺼내는 세상.

아까시의 역습

벌겋고 하얀 벌거숭이 나라
틈만 있으면 장소 가리지 않고
뿌리를 내려 산을 덮었다
일제 강점기부터 6·25까지
우리 산을 산림 녹화
벌꿀과 국민들의 삶
저 높은 곳을 향하여 비상하는
참나무 사이로 온 산을 덮고 덮어
골짜기 넘어 산기슭까지
손에 손을 잡고 온 산을 오른다

오르고 올라 모든 산을 점령하고
공기 중 질소를 흡입해
잘 자라서 산을 덮고 퍼져나가
땔감으로 최고의 효자 나무가 되었지만
조상들의 묘까지 공격하기 시작했다
언제부터인가 미움을 샀다
이제는 설 자리를 잃어버리고
다른 나무들은 더 커버리고
더는 오르지 못하자 꿀벌들이 사라지고

갈 곳을 잃어 이제는 끝인가 보오
석탄과 석유가 자리를 대신하고
이제는 쓸모도 없는
어딜 가야 하나 어떤 길을 찾아야 하나
세계적 극한 직업 새로운 블루 오션
이제부터 새로운 전략
낮은 곳으로 내려가기 시작
논으로 밭으로 길가로 발버둥 치며
집 마당으로 틈만 있으면 비집고
뿌리를 내려 씨를 퍼트린다.

당신이 좋다

옛날 아플 적에 달려와 준 엄마의 손
옆에서 지켜준 눈동자
흔들리는 세상
손잡고 걸어준 발자국

이젠 멀어진 엄마의 손길 속에서
이해 못 할 세상살이 힘에 겨워
가슴 두근거리도록 싸워 봐도
답답함에 후련치 않다

속상한 맘에 싸우다가도
어느덧 다가온 당신 품에 서면
저절로 눈물 되어 아픔을 녹이고
냉혈 같은 미움으로 울다가도
금세 웃는다

이젠 당신이 곁에 서서
힘들게 산에 오르는 나의 손을 잡고
하얀 봄 동산에
행복한 수채화로 피었다.

발문

중요한 전부로서의 행복을 마음껏 누리는 인생

― 박세아의 시 세계

권 온
문학평론가/문학박사

1.

박세아에게는 다양한 분야의 재능이 있다. 그를 규정하기 위해서는 신학, 사회복지학, 문예창작학 등을 포괄적으로 알아야 한다. 이번 시집은 박세아의 세 번째 시집에 해당한다. 그는 2003년에 등단한 이후 시인으로서 지속적인 시작(詩作) 활동을 견지해 왔다. 시집 《누드언어》(2007)와 《지족산 뻐꾸기》(2020)는 이를 입증하는 사례가 된다.

박세아는 30여 년 전부터 장애인들을 섬기는 삶을 살아가고 있다. 그 스스로가 뇌병변장애인으로서 다른 장애인들과 함께 공동체로서의 삶을 살아가는 모습은 많은 이에게 큰 울림으로서 다가온다. 박세아는 장애라는 운명 앞에서 뒤로 물러서지 않는다. 그는 장애를 극복하고 전진한다. 박세아가 앞으로 나아가는 길은 혼자만의 길이 아니다. 그는 다수의 장애인과 함께 더

넓고 더 곧은 도로를 만들어가고 있기 때문이다. 목회자이자 시인으로서의 박세아는 많은 사람과 함께 개척하는 사랑의 공동체 안에 빛나는 언어로서의 시(詩)를 도입한다. 그에게 시는 기도가 되고, 기도가 시가 될 수 있다.

필자는 시인으로서의 박세아가 출간하는 세 번째 시집에서 독자에게 강하게 파고드는 힘이 있는 시편(詩篇)을 골라서 그의 시 세계를 살피고자 한다. 개인의 이미지는 사회의 이미지이며, 현실은 존재하는 이미지의 본질을 밝혀 진실을 깨닫게 만든다. 사회적 언어로서의 일상어는 그의 시에서 상징적으로 농축되어 있다. 시적 관계를 형성하며 일어선 이미지의 의미 생성 과정을 따라가다 보면, 그가 과거에 경험했던 사물의 이미지가 재생되어 다른 생각과 접촉하면서 새로운 의미를 창출하고 있다.

2.

스티비 원더(Stevie Wonder)는 미국의 싱어송라이터(singer songwriter)이자 프로듀서(producer)이다. 그는 미숙아로 태어나서 인큐베이터에서 생활하다가 망막이 손상되어서 실명하였다. 사실상 스티비 원더는 태어나자마자 시력을 잃은 셈이다. 그는 앞을 볼 수 없는 자신의 상황과 관련하여 다음과 같이 언급한 바 있다. "시력을 상실한 사람이라고 해서 비전까지 없는 것은 아니다(Just because a man lacks the use of his eyes doesn't mean he lacks vision)."

스티비 원더는 앞을 볼 수 없는 자신의 운명 앞에서 절망하지 않았다. 그는 자신에게 주어진 불행을 극복하고 아름다운 음악을 만들고 빛나는 노래를 불렀다. 필자는 스티비 원더의 음악과 노래를 좋아한다. 그의 예술을 접하다 보면 기쁨과 즐거움의 감정을 느끼게 되고, 자유로운 상상과 비전을 꿈꾸게 된다. 음악과 노래를 매개로 꿈꾸는 이가 스티브 원더라면 시와 문학을 매개로 꿈꾸는 이는 박세아가 된다. 그런 의미에서 우리는 박세아의 시를 읽어야만 한다.

 (…)

 총알 사이로 운명 같은 시각이
 자작나무 눈발 사이로
 이리저리 우두둑 뼈들을 맞추고
 살기 위하여 쥐 죽은 듯 숨을 멈춘다
 혹독한 추위와 찢어지는 상처들
 절대적으로 놓을 수 없는 생존의 끈

 시체로라도 꼭 돌아가야 한다
 죽은 목숨, 온몸이 얼었지만
 이리저리 희망 줄기를 따라
 감은 눈을 다시 떠야만 한다
 사랑하는 그녀를 위하여
 다시 일어나야 한다 포기할 수 없다

 장애도 하늘을 나는 것을 막을 순 없다
 다시 심장을 뛰게 하고 싶다

이리저리 날기 위한 날갯짓
더 이상 비행을 막을 순 없다
무장애 공간 창공에서는 자유인이다
발은 잘렸지만 날개를 잃은 것은 아니다.

_〈파일럿〉부분

이 시의 배경에는 한 편의 영화가 있다. 그 영화의 제목은 〈파일럿-배틀 포 서바이벌〉이다. 러시아의 공군 조종사 이야기를 다룬 영화를 보고서 박세아는 시를 창작하게 되었다. 시인의 시는 영화의 서사와 자유롭게 교감하면서 진행된다. 그의 시는 영화의 핵심 메시지를 수용하면서도 자신만의 개성을 마음껏 발산한다.

박세아가 이 시에서 강조하려는 전언은 3연의 '총알,' '운명,' '추위,' '생존,' 4연의 '시체,' '목숨,' '희망,' 그리고 5연의 '장애,' '심장," "비행," "창공," "자유인" 등의 어휘와 무관하지 않다. 시인은 목숨이 위태로운 전투의 현장에서도 피어나는 인간의 희망을 창공의 비행으로서 형상화한다. 그것은 자유를 향한 인간의 의지이고 운명이며 삶일 수 있다.

감사가 넘치면 사람이 변해
화나던 얼굴도 미소로 변해
진리가 감싸면 용서로 변해
병들었던 마음도 건강으로 변해
내 마음대로 되지 않아
가슴 아파 욕심으로 쓰러질 때두

감사만 있으면 일어날 수 있어요
사랑으로 힘을 내세요
아무리 힘이 들고 쓰러질 것 같아도
일어서서 힘을 내세요
나 같은 사람도 열심히 살잖아요
당신도 일어서세요
때리지 말아요 싸우지도 말아요
부끄럽게 살지 말아요
행복은 마음먹기 달렸어요
행복은 곁에 있어요

웃음이 넘치면 인생이 변해
지겹던 세상도 천국으로 변해
아프던 마음도 건강하게 변해
힘들던 세상도 환하게 변해
내 마음 아프게 한 사람도 용서하자
가슴 펴고 넓어지자
사는 게 힘이 들어 죽을 것 같더라도
일어서서 힘을 내세요
아무리 세상을 이해할 수 없어도
우리 모두 힘을 냅시다
지금부터는 이해하며 살래요
따지고 보면 아무것도 아니에요
화내지 말아요 따지지도 말아요
그 누가 잘났습니까

이해하며 손해 보며 살아요
행복은 곁에 있어요

너무 빨리 앞서 가지 마세요
화내지 말고 짜증 내지 말고
웃으며 살아갑시다
욕심부려도 부자 욕망을 내려놓으면
세상이 내 것
물질은 쫓아도 허무
행복은 나누면 나눌수록 부자.

_〈감사가 넘치면〉 전문

  박세아에게 주어진 다양한 역할 중 하나는 목회자로서의 삶이다. 그는 다수의 사람이 바른 신앙생활을 펼칠 수 있도록 돕는데, 이 시는 그러한 과정을 잔잔하게 재현한다. 박세아가 여기에서 내세우는 가치들은 "감사," "진리," "사랑," "행복," "웃음," "이해," "인생" 등의 어휘와 관련될 수 있다.

  가령 1연 11, 12행의 문장 "나 같은 사람도 열심히 살잖아요/ 당신도 일어서세요"를 읽다 보면 독자들의 마음속에는 뜨거운 불덩이가, 작지만 생생한 용기가 솟아난다. 우리는 시인의 진술을 접하면서 힘들고 험한 세상이지만 다시 한번 힘을 내서 일어나야겠다고 다짐한다.

  또한 2연 9, 10행의 문장 "아무리 세상을 이해할 수 없어도/ 우리 모두 힘을 냅시다"를 읽으며 독자들은 삶의 난해 또는 인생의 불가해와 조우한다. 사람들 무대로서의 세상은 이해하기

힘든 일들로 가득하지만 그런데도 우리는 난해하고 불가해한 삶의 길을 굳건히 걸어가야 한다.

그리고 3연 6, 7행의 어구 "물질은 쫓아도 허무/ 행복은 나누면 나눌수록 부자."를 읽으며 독자들은 '행복'의 본질을 생각할 수 있다. 행복은 '물질'을 추구하는 것만으로는 얻기 힘든 요소이다. 박세아에 따르면 행복을 얻기 위한 '나눔'이 필요하다. 우리에게는 자신만을 위한 물질 추구가 아닌 다수를 위한 나눔이 요구된다. 독자들은 '허무'의 골짜기를 피해서 '행복'의 언덕에 도달할 수 있도록 노력해야 한다. 행복의 수준을 고양하고 사랑과 나눔을 실천할 때, 우리는 비로소 진정한 마음 '부자'가 될 수 있기 때문이다.

    훈련소를 나와 집으로 온
    매일 얼굴 보는 상근예비역
    친구들 선배들 전화하느라 정신 없다
    엄마가 밥을 줘도 먹는 둥 마는 둥
    아빠도 궁금한데 얼굴도 못 봤다
    제대해도 얼굴 보기가 어렵다
    뭐든지 마음대로 혼내지 못하고
    그저 스스로 깨달아야 하나 보다
    시간도 마음대로 못 한다

    그저 시간이 해결해 주길 기도해 본다
    도서관으로 취준생은 이리저리 바쁘다
    엄마와 티격태격 싸우고

밥 차려 먹고 나간 흔적만으로 감사하다
옛날엔 나도 바빠서 엄마 얼굴을 보지 못했다
지금은 바쁘지도 않고 갈 수도 있지만
맨날 이런 핑계 저런 핑계를 만든다
시간은 왜 이리도 빨리 가는지
막으려 애를 써봐도 차고도 넘쳐흐른다.

_〈사랑스러운 아들〉 전문

　시적 화자 '나'는 "아들"에 관해서 이야기한다. 장성한 '아들'은 "훈련소"를 거쳐서 "상근예비역"이 되었다가 "제대"를 했으며, 어느덧 "취준생"이 되었다. '아들'은 늘 정신이 없고 "이리저리 바쁘다" "아빠"와 "엄마"는 바쁜 아들의 "얼굴도 못 봤"고, 때로는 "티격태격 싸우"기도 한다.

　이 시의 묘미는 '아들'과 '나'의 모습이 오버랩된다는 사실과 무관하지 않다. "옛날엔 나도 바빠서 엄마 얼굴을 보지 못했"기 때문이다. '나'는 "마음대로 혼내지 못하"는 아들이 "스스로 깨"닫기 바란다. '나'는 "시간이" 아들의 문제를 해결해주기를 "기도해" 보는 것이다. 하지만 '나'는 여전히 "이런 핑계 저런 핑계를 만"드는 스스로를 돌아보며 부모와 자식 사이에 놓인 '시간'의 엄중함을 깨닫는다. 늙은 부모는 성장한 자식의 얼굴을 볼 수가 없고, 그렇게 시간은 흐르고 마침내 자식은 부모와 이별하게 된다. 2연 8행의 진술 "시간은 왜 이리도 빨리 가는지"를 읽으며 인생의 무상함을 경험하는 독자들이 적지 않을 테다. 그럼에도 불구하고 모든 아들은 사랑스러운 아들이고, 모든 딸은 사랑스러운 딸이 된다.

엘리베이터에서 빛을 따라
푸른 숲, 도로를 달리는 차
시원하게 뻗은 가로수
아파트가 숲을 이루어
걸어가는 향수 짙은 여인
눈 달린 사이렌 도로 위 시끄럽다

돌고 돌아 긴장하며 죄도 없는데
잘못하지도 않았는데 두근두근
주차로 꽉 막혀 버린 곳
피하면 피할수록 쫓아온다
어두운 도시를 따라
범인을 만들어버린다

갈길 모르는 사람의 신호등
길 잃은 아이 엄마처럼 간절하게
지켜주기도 하고 지켜보기도 하고
줄기차게 살피는 따듯한 도시
누군가가 보고 있는 것 같은
흔적을 따라 미세한 촉각 탐지한다

사방으로 로봇 거미줄
밤이건 낮이건 모든 것을 촉탁한다
일거수일투족 선명하게 보고 싶고
예쁜 아이들 궁금하기도 해서

한번 달고도 싶다
수갑 채우는 족쇄가 될까.

_〈CCTV〉 전문

21세기의 대한민국에서 살아간다는 것은, 특히 "도시"에서 살아간다는 것은 "CCTV"와의 동행을 의미한다. '시시티브이' 또는 '폐쇄 회로 TV(closed-circuit television)'라고도 표기하는 'CCTV'는 현대 사회를 대표하는 요소로서 자리 잡았다.

박세아는 이 시에서 'CCTV'를 1연 6행의 "눈 달린 사이렌," 3연 1행의 "갈길 모르는 사람의 신호등," 4연 1행의 "로봇 거미줄" 등으로 규정한다. 시인은 'CCTV'를 "엘리베이터," "달리는 차," "아파트," "도로" 등 '도시'의 곳곳에서 발견한다. 그에 따르면 'CCTV'는 '도시'의 2가지 국면과 관련된다. 'CCTV'와 연결된 첫 번째 '도시'는 "어두운 도시"이다. '어두운 도시'에서의 'CCTV'는 "죄도 없는데/ 잘못하지도 않았는데," "피하면 피할수록 쫓아"와서 "범인을 만들어버린다" 'CCTV'와 연결된 두 번째 '도시'는 "따뜻한 도시"이다. '따뜻한 도시'에서의 'CCTV'는 "엄마처럼 간절하게/ 지켜주기도 하고 지켜보기도 하고/ 줄기차게 살피는" 역할을 맡는다.

박세아는 현대인을 대표하여 'CCTV'에 대해서 고민하는 중이다. "보고 싶고," "궁금하기도 해서," 'CCTV'를 "달고도 싶"지만 반면 그것이 "수갑 채우는 족쇄가 될까"봐 두렵기도 하기 때문이다. 우리들이 살아가는 '도시'를 위해서 어떤 결정을 내리는 게 좋을까? 현명한 선택이 필요한 시기이다.

아픔은 용서하는 것도 아니고 그냥 견디는 것이다
슬퍼할 겨를도 없이 그냥 사는 것
운명은 예고도 없이 이해하고 설명도 없이
고난으로 몰고 갈 때
천천히라도 걷고 싶다

세상에 아무리 소리쳐도
누구도 듣지 않는다
아무 말 잔치하는 너무 아픈 마음
생각지도 않지만 나만 바라보는
시선 도처에 가시로 박힌다

피가 흐르는 그렇게 말할 수도 없게
사는 게 힘들 때 그냥 걷는 거지
누구도 설명하지 않고
장애가 가져다준 고통에 몸부림칠 때
언제 그랬냐는 듯 잊어버리고 산다

어떻게 지내는지 이야기도 하지 않고
그냥 사는 모든 것이 망가져서
빨리 갈 수 없지만 도망하지 않고
그물망에서 일어나서 빠져나와야 한다
얽혀 있는 실타래를 하나하나 푼다

사람들은 아픔이나 괴로웠던 시간

알지도 못하고 기억하지도 못하는

그냥 왜 그리 쉽게 이야기하는지

이렇게 늙었니 얼굴은 왜 모양이야

그래도 일어나려고요

가족마저 이해하지 못하는 책임감

일어나는 것은 전적으로 나의 몫이다.

_〈나의 몫〉 전문

    시적 화자 '나'를 둘러싼 환경을 알려주는 어휘에는 "아픔," "고난," "너무 아픈 마음," "가시," "피," "고통," "그물망," "실타래," "괴로웠던 시간" 등이 있다. '나'를 둘러싼 상황은 긍정적이지 않은 셈이다. '나'가 할 수 있는 일은 "그냥 견디는 것"과 "그냥 사는 것"과 "그냥 걷는 거"다. 부사 '그냥'을 반복적으로 활용함으로써, 박세아는 자신에게 주어진 "장애"와 "운명"을 "나의 몫"으로 수용한다.

    시적 화자 '나'는 자신만을 "바라보는/ 시선" 앞에, "세상에 아무리 소리쳐도/ 누구도 듣지 않는," 절망적인 환경 앞에 위치한다. 독자들로서는 6연 1행의 어구 "가족마저 이해하지 못하는 책임감"을 읽으며 '나'의 깊은 고독감을 경험한다. 우리는 5연 5행의 진술 "그래도 일어나려고요"에 담긴 박세아의 의지를 존중할 것이다. 그의 의지는 스스로에게 주어진 삶과 인생을 긍정하고 있기 때문이다.

사는 게 바빠서 가지도 못했다
달리는 차 창 밖을 바라보면
많은 일들이 지나가고
간간이 생각했다
우리는 사랑할 수 없는 것인가
이젠 찾아갈 수 없지만

비 오는 날 바닷속으로 들어간다
비속을 거닐면 바다에 빠져
구름으로 들어가던
젊음의 뜨거움
바닷속을 들어가도 열은 식지 않았다

그렇게 자랑스러워하실 줄 몰랐다
이제 어디 가서 어리광을 부릴까
비속을 거닐면 잃어버릴까
구름으로 들어가면 추억이 생각날까
올라온다 무엇인가 올라온다
아직도 내 마음은 뜨거운데

그때가 어느 때인지 실감이 나지 않고
가끔은 문뜩문뜩 떠오르겠지
문을 열다가 TV를 보다가 길을 걷다가
바람이 차서 눈물이 흐른다고 말하겠지
그때 변호해 줄 사람을 잃어버렸다는 것을 깨닫겠지

아주 떠난 것이 아니라 조금 이따 볼 수 있다고.
　　　　　　　　_〈엄마 돌아가신 날〉 전문

　이 시의 제목을 읽는 것만으로도 슬픔에 잠기게 되는 독자들이 적지 않을 테다. "엄마 돌아가신 날"은 이미 왔거나, 지금 오고 있거나, 언젠가 오게 될 날이다. 누구에게나 '엄마'가 있고, '엄마'는 존재의 근원으로서 작용하는 인물이다.
　시적 화자 '나'는 '엄마'와 "우리"를 구성한다. '우리'라는 단어에 담긴 온기(溫氣)는 1연 5행의 "우리는 사랑할 수 없는 것인가"라는 문장과 절묘하게 어울린다. '나'와 '엄마'로 구성되는 '우리'는 '사랑'이라는 감정과 불가분의 관계에 위치한다.
　부모와 자식의 관계에 놓인 많은 '우리'가 서로의 마음을 솔직하게 공유하지 못하는 것은 비극일 수 있다. '나'는 "사는 게 바빠서," 또는 다른 이유에서 '나'를 "그렇게 자랑스러워하"셨던 '엄마'에게 "가지도 못했"다. 그녀는 '나'를 기다려주지 않았고, '나'는 그녀에게 "이젠 찾아갈 수 없"다.
　'나'와 '엄마' 사이에는 "많은 일들" 또는 "추억"이 있고, '나'는 '엄마'에게 "어리광을 부"렸다. 그러나 더 이상 '나'에게는 "변호해 줄 사람"이 없다. '나'는 어떤 행동 또는 행위를 수행하면서 돌아가신 엄마를 떠올렸다. '나'는 "문을 열다가 TV를 보다가 길을 걷다가" 그녀를 생각하는 것이다. 자식은 "달리는 차 창 밖을 바라보면," "비속을 거닐면"서 부모를 만나고, 언젠가 그들은 재회하게 될 테다. 독자들이여, "아주 떠난 것이 아니라 조금 이따 볼 수 있다"는 믿음을 가지고 "뜨거운," "내 마음"을 다독여 볼 일이다.

아침부터 저녁 그리고 새벽이 올 때까지
삐걱거리며 티격태격 싸우고 노래하는 마찰음
여기는 어떤 노래가 있는 집인가
지금 어떤 연주를 하고 있을까

나의 큰소리, 아내는 잔소리
아이들의 시끄러운 소리
날짜 가는 것만 노래하고
애정에 목말라 자기만 봐 달라는 소리

길을 걸을 때마다 울컥할 때가 있다
나 같이 아무 능력 없는 사람이
함께 손을 잡고 걸어가 주는 아내가 있고
아들딸을 낳고 아빠가 되었다는 사실이다

내 맘 같지 않은 원망의 눈빛으로
폭풍 같은 혼란한 소리로 때로는 속삭임으로
무시당하고 공격하는 소리가 있더라도
우리들만의 노래를 만드는 것이다.

_〈화음〉 전문

   한국시에서 근래 보기 드문 수작(秀作)이 여기에 있다. 독자들로서는 소박한 표현을 활용하면서도 풍성한 여운을 제공하는 시, 부드러운 질문에서 출발하여 분명한 답변으로 마무리되는 아름다운 시를 마주하게 된다.

박세아가 시의 제목으로써 선택한 "화음"은 높이가 다른 둘 이상의 음이 함께 울릴 때 어울리는 소리를 의미한다. 그는 '화음(和音)'을 작품의 제목으로서 내세움으로써 시적 화자 '나'와 "아내"와 "아이들"이 형성하는 다양한 "소리"에 대해서, 그들이 만들어가는 다채로운 "노래" 또는 "연주"에 대해서 이야기한다.

'나'의 "큰소리," '아내'의 "잔소리," '아이들'의 "시끄러운" 소리 등 "우리" 또는 '가족' 구성원들의 소리는 "애정에 목말라 자기만 봐 달라는 소리"일 수도 있고, "내 맘 같지 않은 원망의 눈빛"일 수도 있으며, "폭풍 같은 혼란한 소리"일 수도 있다. 그러나 중요한 바는 "나 같이 아무 능력 없는 사람"에게도 "함께 손을 잡고 걸어가 주는 아내"와 '아빠'라고 불러주는 "아들딸"이 있다는 사실이다. 때로는 '우리'를 "무시"하거나 "공격하는 소리가 있더라도," '나'는 "우리들만의 노래를 만드는" 길을 포기하지 않을 것이다. 또한 이 시를 읽는 독자들 역시 그러할 테다.

진짜와 가짜가 구별되지 않는 시대다
코스모스 같은 시대, 인생의 목표를 향해 살아간다
나름의 기준도 없이, 우리의 삶은 그렇다
우리는 어떠한 그림을 그려야 할까

우리는 뒷골목에서 내린 눈까지도
따뜻하게 표현할 수 있어야 한다
인생에서 어떤 그림을 그리고 싶어 하는가
무슨 그림을 그리는 것일까
그림은 무궁무진하다

날카로운 연필은 선과 선을 그어서
또다시 아름다운 색으로 나타난다

종이에 펜으로 그려진 풍경은
인생이 덮임으로써 풍성해지고
많은 것이 나올 수 있는 그림이 된다
봄도 그렇다
메마른 꽃, 앙상한 가지지만 그 위에 색이 덮이면
따뜻하고 예쁜 풍경화가 된다
내 안에도 그러한 인생이 가지처럼 메말라 있는
마음속에 풍성하고도 아름다운 블랙홀 같은
삶을 경험한 후에는 새롭게 태어나리라

건강도 나이도 그리고 이상도 그럴 것이다
현재는 낙원을 잃어버린 사람처럼 살지만
언젠간 낙원을 되찾는 날이 올 것이다
그것이 바로 우리의 그림이다

우리의 그림 속에는 지나가는 오토바이와
염소 이런 것들이 우리를 더욱더 따뜻하게 한다
그냥 지나가는 것들을 잡아서 그 속에 넣고 싶다
아름다운 그러한 것들을 찾을 수 있을까

(…)

_〈행복을 그리자〉 부분

박세아는 시 〈화음〉에서 '노래,' '연주,' '소리' 등 '음악'에 대한 관심을 기울인 바 있다. 시인은 이번에 "그림" 또는 '미술'을 향한 애정을 드러낸다. 예술을 향한 그의 열정은 단순히 '시' 또는 '문학'에 국한되지 않는다. 박세아에게 '시'는 '노래'이자 '그림'이다. 그의 예술은 문학이자 음악이며 미술이 되는 셈이다.

　시인이 이 시에서 추구하는 가치는 "행복"이다. 시적 화나 '나'는 1연에서 "인생의 목표를 향해 살아간다"라고 언급한다. '나'가 2연에서 제시하는 "우리는"은 '따뜻함'과 '아름다움'을 지향한다. '나'는 또한 4연에서 "건강"과 "이상"과 "언젠간 낙원을 되찾는 날이 올 것"임을 확신한다. '나'가 "우리의 그림" 속에 담고자 하는 '따뜻함,' '아름다움,' '건강,' '이상,' '낙원' 등은 궁극적으로 '행복'으로 수렴될 것이다. 박세아의 제안처럼 우리도 "행복을 그리자."

　　아버지가 없고 엄마는 돈 벌기 위해 시장에 가고 없는 학고방
　　혼자 몸으로 세상을 이기기 위한 몸부림, 창문 밖에는 무엇이 있을까
　　나는 일어나야 해, 흔들리는 몸 잡으며 다짐으로 꿈을 향해 걸어가기 시작했다

　　나 하나만을 위하여 고초를 이겨낸 어머니의 소원
　　건강하고 잘되는 것 보다 주일에 함께 교회를 가는 것
　　매일 울며 기도하고 부르짖던 그것은 목표가 되고 사랑이 되었다

언더우드 기도로 세운 영동제일교회가 힘이 되었다
할머니의 할머니가 불렀던 찬송을 부르며 아이들 하나하나를 만났고
지금 그 아이들, 아들 손잡고 교회에 오는 것을 보면 눈물이 난다

낮고 낮은 곳에서 오르고 또 오르며 스치는 까만 밤 눈보라
사명이 너무 커서 감당 못 할 두려움에 울고 세상이 서러워서 울고
불편한 몸을 이끌고 고난의 시절 견디며 행복을 일구었다

가족과 어머니의 부르짖음 속에 눈물의 씨앗은 성공의 열매가 되었다
아이들이 힘들 때도 있지만 보는 것만으로도 매일 삶이 감동
나의 마지막 소원은 아들의 아들까지 예수님을 따르는 것이다

나의 진짜 소원은.

_〈나의 소원〉 전문

모든 사람에게는 어떤 "소원" 또는 '바람'이 있을 테다. 시적 화자 '나'에게도 '소원'이 있다. 유년 시절 '나'의 상황은 녹록하지 않았다. "아버지가 없고 엄마는 돈 벌기 위해 시장에 가고," '나'는 "혼자 몸으로 세상을 이기기 위한 몸부림"을 쳐야 했다. '나'의 소원은 무엇보다도 "교회"와 긴밀하게 관련된다. "어머니"와 "주일에 함께 교회를 가는 것," "매일 울며 기도하고 부르짖던 그것"

이 '나'의 소원의 핵심일 수 있다. '교회'와 '기도'는 '나'의 삶의 "목표가 되고 사랑이 되었"던 것이다.

'나'에게 '교회'와 관련된 소원은 세월과 세대의 축적을 내포한다. 3연 2행의 "할머니의 할머니"와 3연 3행의 "지금 그 아이들" 등의 어구에는 유구한 시간의 흐름이 내재한다. 이 시를 읽는 독자들은 "어려운 몸을 이끌고 고난의 시절 견디며 행복을 일"군 '나'의 모습을 보며 "감동"을 받게 된다. 특히 우리는 5연 3행의 "나의 마지막 소원은 아들의 아들까지 예수님을 따르는 것이다"라는 경건한 문장 앞에서 "눈물의 씨앗"을 "성공의 열매"로 바꾼 박세아의 기적을 목격할 수 있다.

3.

독자로서는 박세아의 시적 이미지 형상화 과정을 따라가는 일이 이번 세 번째 시집을 읽는 재미와 즐거움이 될 것이며, 시를 진정으로 이해할 수 있는 다층적 향유자로 거듭나게 할 것이다. 그는 신학·사회복지학·문예창작학 등을 공부한 다재다능한 인물이다. 시인이 펴낸 시집은 일차적으로 문예창작학의 소산이지만 동시에 그의 시집에는 신학과 사회복지학 등의 영향력도 크게 작용한다.

박세아가 추구하는 시 세계는 단일한 내용이나 주제에 머무르지 않는다. 그의 시가 담고 있는 세계는 종합, 통합, 확산, 확장 등을 지향한다. 시인의 시는 문학의 영역에 국한되지 않고 음악이나 미술의 영역을 흡수한다. 또한 그는 가족을 소중하게 여기고, 가족 구성원들을 작품 속으로 호명하여 공감과 조화의 세계를 형상화한다.

박세아가 이번 시집에서 지향하는 핵심 영역을 꼽자면 '행복'을 선택할 수 있다. 그는 〈감사가 넘치면〉〈행복을 그리자〉〈나의 소원〉 등 다수의 시편에서 '행복'을 제시하고 '행복'을 추구한다. 오드리 헵번(Audrey Hepburn)은 '행복'과 관련하여 다음과 같이 언급한 바 있다. "가장 중요한 것은 당신의 삶을 즐기는 것-곧 행복해지는 것이다. 그것이 중요한 전부이다(The most important thing is to enjoy your life-to be happy-it's all that matters)." '행복'을 향한 오드리 헵번의 발언은 박세아가 시〈감사가 넘치면〉에서 제공한 표현들과 닮았다. 우리는 "행복은 마음먹기 달렸어요 행복은 곁에 있어요", "행복은 나누면 나눌수록 부자" 등 시인이 선택한 소중한 언어를 읊조리며, 중요한 전부로서의 행복을 마음껏 누리는 인생을 펼쳐야 할 것이다.

끌림 詩人選 006
걸어도 마냥 그 자리

2024년 10월 07일 초판 1쇄

지은이	박세아
펴낸이	김영태
펴낸곳	도서출판 끌림
책임편집	김한결

출판등록	제2022-000036호
주소	대전광역시 서구 대덕대로 325, 스타게이트빌딩 471호
전화	0502-0001-0159
팩스	0503-8379-0159
전자우편	kkeullimpub@gmail.com

공급처	한국출판협동조합
전화	02-716-5616
팩스	02-716-2999

ISBN 979-11-93305-09-6 (03810)

값 10,000원

ⓒ박세아 2024

* 이 사업은 대전광역시, **대전문화재단**에서 사업비 일부를 지원 받았습니다.
* 이 책은 저작권법에 따라 보호를 받는 저작물이므로 무단 전제와 복제를 금합니다.
* 살못 제작된 책은 바꾸어 드립니다.